50 stratégies en littératie

en littératie

ÉTAPE PAR ÉTAPE

Gail E. Tompkins

Traduction : **Miville Boudreault**
Adaptation : **Nicole Gendreau**

Chenelière
Éducation

50 stratégies en littératie
Étape par étape

Traduction de : *50 Literacy strategies, step by step, 2nd ed.* de Gail E. Tompkins © 2004 Pearson Prentice Hall (ISBN 0-13-112188-X)

© 2006 Les Éditions de la Chenelière inc.

Édition : Lise Tremblay
Coordination : Josée Beauchamp
Révision linguistique : Nicole Blanchette
Correction d'épreuves : Isabelle Roy
Conception graphique : Diane C. Lorenzo et Pénéga communications inc.
Infographie : Pénéga communications inc.
Conception de la couverture : Josée Bégin

**Catalogage avant publication
de Bibliothèque et Archives Canada**

Tompkins, Gail E.

    50 stratégies en littératie, étape par étape

    (Chenelière/Didactique)

    Adaptation de la 2e éd. de: 50 literacy strategies.

    ISBN 2-7650-1096-X

    1. Arts du langage (Primaire). 2. Arts du langage (Préscolaire). 3. Arts du langage (Secondaire). I. Titre. II. Titre: Cinquante stratégies en littératie, étape par étape. III. Collection.

LB1577.F7T65 2006   372.6'044   C2006-940258-2

**Chenelière
Éducation**

7001, boul. Saint-Laurent
Montréal (Québec)
Canada H2S 3E3
Téléphone : (514) 273-1066
Télécopieur : (514) 276-0324
info@cheneliere.ca

ISBN 2-7650-1096-X

Dépôt légal: 1er trimestre 2006
Bibliothèque et Archives nationales du Québec
Bibliothèque et Archives Canada

Imprimé au Canada

2   3   4   5   IQL   10   09   08   07

Nous reconnaissons l'aide financière du gouvernement du Canada par l'entremise du Programme d'aide au développement de l'industrie de l'édition (PADIÉ) pour nos activités d'édition.

Gouvernement du Québec – Programme de crédit d'impôt pour l'édition de livres – Gestion SODEC.

DANGER

LE
PHOTOCOPILLAGE
TUE LE LIVRE

Table des matières

Préface

Avez-vous besoin d'une solution de rechange efficace aux activités et aux manuels de lecture traditionnels?

Voici une ressource facile à utiliser pour tous les enseignants du préscolaire, du primaire et du premier cycle du secondaire. Les stratégies qu'elle propose sont basées sur des recherches et ont été testées en classe. Elles peuvent être utilisées avec des modules littéraires, des ateliers de lecture et d'écriture ou des modules thématiques. Bon nombre de ces stratégies, comme l'écriture interactive, le rappel de l'histoire et classement de mots, sont idéales pour un usage en classe, mais il peut parfois être long et difficile de trouver l'information sur les moyens de les implanter. C'est pourquoi chaque stratégie présentée s'ouvre sur une liste cochée qui facilite les prises de décision d'ordre pédagogique. Cette liste permet de répondre aux questions suivantes en un coup d'œil :

1. À quoi cette stratégie convient-elle le mieux : à un module littéraire, à un atelier de lecture ou d'écriture, à des centres de lecture, ou à la lecture et à l'écriture en cours de module thématique?
2. À quel niveau scolaire cette stratégie donne-t-elle les meilleurs résultats?
3. Cette stratégie est-elle plus efficace avec le travail individuel, deux par deux, en équipes ou avec l'ensemble des élèves?

Voici un exemple de liste cochée.

● modules littéraires	○ préscolaire	○ individuel
○ cercles de lecture	● maternelle à 2e année	○ deux par deux
○ ateliers de lecture/d'écriture	● 3e année à 5e année	○ équipes
● modules thématiques	● 6e année au 1er cycle du secondaire	● ensemble des élèves

Bien entendu, il ne s'agit que de suggestions. Une fois que vous maîtriserez les étapes de base, vous pourrez expérimenter et bonifier ces idées.

La liste est suivie d'une brève description de la stratégie et d'une explication de ses avantages. Viennent ensuite les étapes de la stratégie décrites en détail. Point très intéressant, des applications et des exemples illustrent la façon dont des enseignants chevronnés ont employé la stratégie. Enfin, des références bibliographiques vous permettent d'en apprendre davantage sur la stratégie et font la preuve que cette dernière aide les élèves à acquérir la compétence à lire et à écrire.

Principales caractéristiques de l'ouvrage

- Les stratégies sont en ordre alphabétique et numérotées de manière à faciliter la consultation. En outre, le tableau A, « Les stratégies par catégorie » (voir pages VI et VII), regroupe les stratégies par thème, ce qui vous aide à trouver celle dont vous avez besoin.
- Tout ce que vous devez savoir pour implanter rapidement et efficacement la stratégie est présenté dans un format cohérent et facile à comprendre. Il suffit de suivre les consignes étape par étape accompagnées d'illustrations.
- Les applications et les exemples inclus modélisent les stratégies et peuvent stimuler votre créativité.
- Les encadrés FLS (français langue seconde) soulignent les stratégies les plus efficaces pour les élèves qui apprennent le français.

Lecture	Relation lecture-écriture	Littérature
Lecture à l'unisson	Livre *Tout sur...*	Promotion d'un livre
Lecture guidée	Abécédaire	Discussion d'enrichissement
Lecture à tour de rôle	Journal à deux colonnes	Approche langagière
Lecture théâtrale	Exposition	Courtepointe
Surlecture	Écriture interactive	Journal d'apprentissage
Lecture en silence	Journal d'apprentissage	Dessiner sa pensée
Heure du thé	Écriture minute – Dessin minute	Rappel de l'histoire
	Livre informatif	
	Scénarimage	
Orthographe	**Compétence en étude**	**Expression orale**
Écriture interactive	Plan de prélecture	Promotion d'un livre
Centre de littératie	Relations question-réponse	Cercle de lecture
Formation de mots	Questionnement réciproque	Discussion d'enrichissement
Classement de mots	Stratégie d'étude EQL2R	Approche langagière
Mur de mots		Questionnement réciproque
		Scénarimage
		Rappel de l'histoire
		Heure du thé
		Groupe d'écriture
Représentation visuelle	**Vocabulaire**	**Écriture**
Boîte synthèse	Remue-méninges éliminatoire	Livre *Tout sur...*
Toile d'idées	Discussion d'enrichissement	Abécédaire
Cube de présentation	Journal d'apprentissage	Chaise d'auteur
Grille d'information	Journal de lecture	Livre collectif
Portrait intérieur	Scénarimage	Toile d'idées
Graphique de l'intrigue	Classement de mots	Cube de présentation
Courtepointe	Mur de mots	Grille d'information
Dessiner sa pensée		Journal à deux colonnes
Scénarimage		Exposition
Diagramme de Venn		Écriture interactive
		Tableau S-V-A
		Approche langagière
		Journal d'apprentissage
		Écriture minute – Dessin minute
		Journal de lecture
		Livre informatif
		Groupe d'écriture

TABLEAU A   Les stratégies par catégorie

Évaluation	Connaissances antérieures	Compréhension
Texte à trous Lecture dirigée – Activité de réflexion Solution de Boucle d'or Tableau S-V-A Écriture minute – Dessin minute Journal de lecture Rappel de l'histoire Classement de mots	Grille d'introduction Boîte synthèse Toile d'idées Grille d'information Lecture dirigée – Activité de réflexion Remue-méninges éliminatoire Tableau S-V-A Écriture minute – Dessin minute	Texte à trous Toile d'idées Cube de présentation Lecture dirigée – Activité de réflexion Journal à deux colonnes Cercle de lecture Discussion d'enrichissement Portrait intérieur Graphique de l'intrigue Écriture minute – Dessin minute Courtepointe Journal de lecture Questionnement réciproque Dessiner sa pensée Scénarimage Rappel de l'histoire Heure du thé
Lecture des manuels scolaires	Enseignement explicite	Aisance
Grille d'introduction Cube de présentation Grille d'information Remue-méninges éliminatoire Discussion d'enrichissement Tableau S-V-A Journal d'apprentissage Plan de prélecture Relations question-réponse Écriture minute – Dessin minute Questionnement réciproque Livre informatif Stratégie d'étude EQL2R	Lecture guidée Écriture interactive Formation de mots Mini-leçon	Lecture à l'unisson Solution de Boucle d'or Lecture guidée Lecture à tour de rôle Lecture théâtrale Surlecture Lecture partagée Lecture en silence Mur de mots
Organisateurs graphiques	Écoute	Phonétique
Toile d'idées Grille d'information Scénarimage Diagramme de Venn	Lecture dirigée – Activité de réflexion Cercle de lecture Discussion d'enrichissement Lecture à tour de rôle Lecture théâtrale Questionnement réciproque Lecture partagée Heure du thé	Écriture interactive Centre de littératie Formation de mots Classement de mots

TABLEAU A   Les stratégies par catégorie (*suite*)

L'utilisation du présent ouvrage

L'ouvrage *50 stratégies en littératie : étape par étape* peut servir d'outil complémentaire pour tous les cours de lecture, de littérature ou de langue. Il peut également servir d'ouvrage de référence lors des ateliers de formation ou des ateliers de perfectionnement.

Gail E. Tompkins a rédigé plusieurs ouvrages importants: *Language arts: Content and teaching strategies*, cinquième édition; *Literacy for the 21st century: A balanced approach*, troisième édition; *Teaching writing: Balancing process and product*, quatrième édition; et *Literacy for the 21st century: Teaching reading and writing in pre-kindergarten through grade 4*, tous publiés chez Merrill/Prentice Hall. Le présent ouvrage reprend la même approche équilibrée qui s'avère si populaire auprès des étudiants en formation des maîtres et des enseignants, novices ou expérimentés.

STRATÉGIE 1 Abécédaire

- ● modules littéraires
- ○ cercles de lecture
- ○ ateliers de lecture/d'écriture
- ● modules thématiques

- ○ préscolaire
- ● maternelle à 2e année
- ● 3e année à 5e année
- ● 6e année au 1er cycle du secondaire

- ○ individuel
- ○ deux par deux
- ○ équipes
- ● ensemble des élèves

Un abécédaire est un livre de 26 pages dont chacune des pages met en vedette une lettre de l'alphabet. Les élèves peuvent faire des abécédaires en univers social ou en sciences et technologies, ou à partir de sujets en lien avec les modules littéraires, un peu à la manière des abécédaires offerts par les éditeurs d'ouvrages pour les enfants. Les élèves travaillent habituellement tous ensemble à la préparation des abécédaires. Il est possible de faire travailler les élèves en petites équipes ou individuellement; cependant, la compilation d'un abécédaire de 26 pages peut s'avérer une tâche ardue. Les abécédaires permettent aux élèves de mettre en commun ce qu'ils ont appris sur un sujet. L'enseignant conserve les abécédaires dans la bibliothèque de la classe (Tompkins, 2004).

Étape par étape

1. *Examiner des abécédaires.* Les élèves peuvent examiner le format et la structure des abécédaires offerts sur le marché ou observer les abécédaires des élèves des autres classes.

2. *Créer un tableau alphabétique.* Sur une longue feuille de papier, l'enseignant écrit les lettres de l'alphabet en une colonne, laissant suffisamment d'espace pour que les élèves puissent écrire à côté de chaque lettre. Les élèves font une séance de remue-méninges pour trouver des mots en lien avec le module littéraire ou le thème inter-disciplinaire à l'étude, puis ils écrivent ces mots sur la feuille de papier à côté de la lettre correspondante. Pendant leur recherche de mots, les élèves consultent souvent ce mur de mots ainsi que les livres reliés au thème ou le texte du module littéraire.

3. *Demander à chaque élève de choisir une lettre.* Les élèves choisissent le mot qu'ils pourront le mieux expliquer avec un texte ou un dessin. Ils inscrivent alors leur nom à côté de la lettre correspondante sur une feuille que l'enseignant affiche à cet effet dans la classe.

4. *Concevoir la page.* Les élèves déterminent les endroits où iront la lettre, l'illustra-tion et le texte dans la page, puis ils déterminent la structure du texte. Les élèves du primaire peuvent écrire une seule phrase, par exemple : **A** comme **A**nimal. Les élèves plus âgés peuvent inclure plus d'information et rédiger plusieurs phrases ou un paragraphe.

5. *Utiliser le processus d'écriture pour rédiger, réviser et corriger les pages.* Les élèves mettent leurs pages au propre et ajoutent des illustrations. Ils peuvent le faire à la main ou saisir et imprimer les pages à l'aide d'un ordinateur pour un résultat d'ap-parence professionnelle. L'enseignant désigne un élève pour confectionner la page couverture.

6. *Compiler les pages.* Avec l'aide de l'enseignant, les élèves placent les pages en ordre alphabétique et les relient.

Applications et exemples

Les abécédaires se font souvent à la fin de projets sur des sujets comme les insectes, les océans ou le désert. La figure 1.1 présente la page « D » d'un abécédaire sur les insectes préparé par une classe de 4e année.

D Difficile

La vie des insectes est DIFFICILE. Les personnes ne les aiment pas. Les autres animaux ne les aiment pas. Les insectes doivent vivre dehors, même quand il pleut et qu'il fait froid!

FIGURE 1.1 La page « D » de l'abécédaire d'une classe de 4e année

Référence

Tompkins, G. E. (2004). *Teaching writing: Balancing process and product* (4e éd.), Upper Saddle River, Merrill/Prentice Hall.

STRATÉGIE 2 Approche langagière

- ● modules littéraires
- ○ cercles de lecture
- ○ ateliers de lecture/d'écriture
- ● modules thématiques

- ● préscolaire
- ● maternelle à 2ᵉ année
- ○ 3ᵉ année à 5ᵉ année
- ○ 6ᵉ année au 1ᵉʳ cycle du secondaire

- ● individuel
- ● deux par deux
- ● équipes
- ● ensemble des élèves

L'approche langagière est basée sur les expériences langagières des enfants (Ashton-Warner, 1965; Lee et Allen, 1963; Stauffer, 1970). Avec cette approche, les élèves dictent des mots et des phrases reliés à leurs expériences que l'enseignant prend en dictée. Tout en écrivant, l'enseignant présente les règles de l'écriture. Le texte dicté par les élèves devient du matériel de lecture, car il a été écrit avec l'orthographe française standard. Étant donné qu'il s'agit du vocabulaire des élèves et d'un contenu basé sur leurs expériences, les élèves sont habituellement capables de lire le texte avec facilité. Ainsi, la lecture et l'écriture sont reliées, car les élèves lisent un texte qu'ils ont eux-mêmes composé.

L'approche langagière est une méthode efficace pour aider les élèves à démarrer en lecture. Même les élèves qui ont de la difficulté avec d'autres activités de lecture peuvent lire un texte qu'ils ont dicté. Il y a toutefois un inconvénient : l'enseignant « embellit » le texte dicté par les élèves, car il possède une belle écriture manuscrite et écrit sans faute. Ainsi, après une activité langagière, certains élèves plus jeunes refusent d'écrire, car ils préfèrent l'écriture « parfaite » de leur enseignant à leur propre écriture enfantine. Pour éviter ce problème, il faut inviter les jeunes enfants à écrire eux-mêmes dans leurs journaux et leurs cahiers et les faire participer aux activités d'écriture interactive (voir la page 33) en plus des activités langagières. De cette manière, ils apprennent que ce n'est pas toujours l'enseignant qui écrit.

Étape par étape

1. *Déterminer une expérience de départ ou un thème.* Pour l'écriture interactive, il peut s'agir d'une expérience vécue par toute l'école, d'un livre lu à voix haute, d'une sortie de classe ou de toute autre expérience connue de l'ensemble des élèves, par exemple posséder un animal familier ou jouer dans la neige. Pour l'écriture individuelle, toute expérience significative pour l'élève fait l'affaire.

2. *Parler de l'expérience.* L'enseignant et les élèves discutent du sujet pour générer du vocabulaire. L'enseignant peut poser une question ouverte comme « À propos de quoi allons-nous écrire? ». Pendant que les élèves racontent leurs expériences, ils précisent et structurent leurs idées, ils utilisent un vocabulaire plus spécifique et approfondissent leur compréhension.

Les enseignants utilisent l'approche langagière afin de créer du matériel de lecture intéressant pour les élèves qui apprennent le français. Par exemple, les élèves découpent des images dans les magazines et les collent dans un livre. Puis l'enseignant et les élèves repèrent les mots importants dans l'image et s'en servent pour composer une phrase. L'enseignant écrit la phrase sous l'image et les élèves la relisent.

3. *Écrire la dictée.* Si les élèves travaillent deux par deux ou individuellement, l'enseignant écrit les textes dictés sur des feuilles de papier ou dans de petits livrets. Il écrit les textes préparés par l'ensemble de la classe sur une grande feuille de papier. L'enseignant forme bien ses lettres et écrit bien les mots, tout en respectant dans la mesure du possible la façon de s'exprimer des élèves. Pour l'enseignant, il peut être tentant de « récrire » le texte des élèves, en corrigeant le choix des mots ou la grammaire; toutefois, il faut réduire les corrections au minimum pour ne pas donner l'impression aux élèves qu'ils s'expriment mal ou moins bien que les autres.

   Pour les textes individuels, l'enseignant écrit ce que l'élève dicte et cesse d'écrire lorsque l'élève s'arrête ou hésite. En cas d'hésitation, l'enseignant relit le texte déjà écrit et encourage l'élève à continuer. Si le texte est produit en équipes, les élèves dictent des phrases à tour de rôle, puis, après avoir écrit chaque phrase, l'enseignant la relit.

4. *Lire le texte à voix haute en pointant chaque mot.* Cette lecture rappelle aux élèves le contenu du texte et montre comment le lire à voix haute avec la bonne intonation. Puis, les élèves lisent aussi. Après avoir lu ensemble les textes produits en équipes, les élèves peuvent les relire individuellement et à tour de rôle. Chaque élève peut copier les textes produits en équipes pour les conserver dans son portfolio.

5. *Approfondir l'expérience de lecture et d'écriture.* L'enseignant place souvent un transparent sur le texte dicté; ainsi, les élèves peuvent utiliser un feutre effaçable pour analyser les mots et encercler ceux qui sont importants ou qui leur sont familiers. Les élèves peuvent faire des dessins qui accompagneront le texte. Les textes peuvent faire l'objet d'un recueil pour le coin de lecture. Les élèves peuvent utiliser la chaise d'auteur (voir la page 15) pour présenter leurs textes individuels à leurs camarades de classe. Les élèves peuvent apporter à la maison leurs textes et des copies des textes de la classe pour les montrer aux membres de leur famille.

6. *Préparer une phrase découpée.* L'enseignant copie le texte sur des bandes de papier, une phrase par bande, qu'il range dans des enveloppes. Les élèves lisent les phrases et les placent dans le bon ordre; quand ils sont à l'aise avec les phrases, les élèves peuvent alors les découper en mots individuels. Les élèves disposent ensuite les mots pour reformer la phrase de départ et construire de nouvelles phrases. Ces mots vont s'ajouter à la banque de mots de l'élève. Pour faire une banque de mots, on peut ranger les mots dans une petite boîte ou percer des trous dans les cartes de mots et les relier à l'aide d'un anneau.

Applications et exemples

L'approche langagière est souvent utilisée pour créer des textes que les élèves peuvent lire et utiliser comme ressource en écriture dans un module thématique. Par exemple, pour un module sur les coccinelles, l'enseignant d'une classe mixte de 1re et de 2e année a lu à voix haute les histoires, les textes informatifs et les poèmes suivants : *Belle la coccinelle* (Krings, 1994), *Brave coccinelle* (Tullio-Altan, 1979), *Je suis une coccinelle* (Okumoto et Ishibe, 1996) et *La coccinelle* (Fradin, 2005). À partir de ces lectures sur les coccinelles, les élèves ont dicté le texte suivant :

Partie 1 : Ce que font les coccinelles
Les coccinelles sont des insectes utiles. Elles sont utiles parce qu'elles mangent des pucerons. Elles embellissent la Terre. Elles sont rouges et ont 7 taches noires. Les coccinelles gardent leurs ailes sous leurs élytres. Leurs ailes sont transparentes et elles servent à voler. Les coccinelles aiment manger des pucerons. Elles les aiment tellement qu'elles peuvent en manger 50 par jour!

Partie 2 : La croissance des coccinelles

Les coccinelles vivent sur des feuilles et dans le tronc des arbres. Elles pondent sur les feuilles des œufs jaunes et collants. Il sort des œufs de petites larves noires. Elles mangent aussi des pucerons. Ensuite, la larve devient une nymphe, puis elle se transforme en coccinelle. La coccinelle est jaune elle devient ensuite rouge et des taches apparaissent. Ensuite, elle peut voler.

Partie 3 : Les coccinelles sont intelligentes

Les coccinelles ont un bon truc pour se cacher des oiseaux qui les mangent. Si un oiseau l'attaque, la coccinelle se tourne sur le dos et un petit liquide sort de ses pattes. Cela sent très mauvais et l'oiseau s'en va.

L'enseignant a écrit chaque partie de texte sur une grande feuille de papier distincte. Ensuite, chaque élève a choisi une phrase à écrire sur une bande de papier. Certains élèves ont écrit eux-mêmes leur phrase, tandis que pour d'autres élèves, c'est l'enseignant qui les a écrites. Les élèves se sont exercés à lire leurs phrases, puis ils les ont lues à leurs camarades de classe. Ensuite, ils ont découpé les phrases, puis les ont reformées. Les élèves ont réutilisé les phrases dans la production en équipes ou individuelle d'un livre *Tout sur les coccinelles*. La figure 2.1 illustre comment les élèves ont utilisé les mots des textes dictés pour lire et écrire.

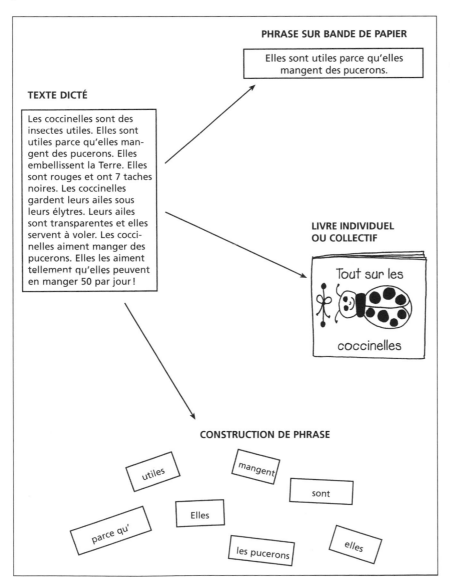

FIGURE 2.1
L'utilisation des mots dictés pour lire et écrire

Références

Ashton-Warner, S. (1965). *Teacher*, New York, Simon & Schuster.

Fradin, Natacha (2005). *La coccinelle*, Toulouse, Milan Jeunesse.

Krings, Antoon (1994). *Belle la coccinelle*, Paris, Gallimard Jeunesse.

Lee, D. M., et Allen, R.V. (1963). *Learning to read through experience* (2e éd.), New York, Meredith.

Okumoto, Daisaburg, et Ishibe, Torajj (1996). *Je suis une coccinelle*, Paris, L'école des loisirs.

Stauffer, R. G. (1970). *Directing the reading-thinking process*, New York, Harper & Row.

Tullio-Altan, Francesco (1979). *Brave coccinelle*, Paris, L'école des loisirs.

STRATÉGIE 3 Boîte synthèse

- ● modules littéraires
- ● cercles de lecture
- ○ ateliers de lecture/d'écriture
- ● modules thématiques

- ● préscolaire
- ● maternelle à 2ᵉ année
- ● 3ᵉ année à 5ᵉ année
- ● 6ᵉ année au 1ᵉʳ cycle du secondaire

- ● individuel
- ● deux par deux
- ○ équipes
- ○ ensemble des élèves

Les élèves décorent l'extérieur d'une boîte ou d'un contenant en fonction d'une histoire, d'un texte informatif ou d'un poème qu'ils ont lu. Ils rassemblent ensuite de trois à cinq images ou objets liés au thème traité dans leur livre, puis ils les rangent dans la boîte avec le livre en question (Tompkins, 2003). Par exemple, une boîte pour le livre *Sarah la pas belle* (MacLachlan, 2004) pourrait contenir les objets suivants : des coquillages, un billet de train, un bonnet jaune, une carte du trajet de Sarah du Maine vers les Prairies et des lettres. Ou encore, une boîte pour le livre *Décroche-moi la lune* (Hébert, 2002) pourrait inclure les éléments suivants : une figurine représentant un papa et une autre représentant un garçon, une lune, des étoiles, un cœur, etc. Les élèves fabriquent souvent ces boîtes en guise de projet après la lecture du livre d'un module littéraire.

L'enseignant peut également fabriquer des boîtes synthèses pour les livres qu'il présente aux élèves. Ces boîtes sont particulièrement utiles pour les élèves du préscolaire et du primaire, les élèves en français langue seconde et les élèves possédant un vocabulaire limité ou qui ont de la difficulté à formuler des phrases pour exprimer leurs idées. En présentant aux élèves des objets en lien avec le livre avant la lecture, l'enseignant peut introduire des éléments de vocabulaire et favoriser l'acquisition de connaissances.

Étape par étape

1. *Lire le livre.* Pendant la lecture, l'enseignant dresse une liste des objets importants mentionnés.

2. *Choisir une boîte.* L'enseignant choisit un contenant (boîte, panier, bac en plastique, contenant de café, sac ou autre) qui servira à recueillir les objets. Il le décore avec le titre du livre ainsi que des images et des mots en lien avec l'ouvrage.

3. *Remplir la boîte.* L'enseignant dépose dans la boîte le livre ainsi que trois à cinq objets et images (ou plus). Si ce sont les élèves qui font les boîtes, ils peuvent inclure une feuille sur laquelle ils font l'inventaire des objets et expliquent leur sélection.

4. *Présenter la boîte aux élèves.* Une fois la boîte terminée, l'enseignant s'en sert pour présenter le livre et donner des renseignements avant la lecture. À l'inverse, les élèves fabriquent leurs boîtes synthèses après la lecture, puis les présentent à leurs camarades de classe.

Les boîtes synthèses sont souvent utilisées avec les élèves qui apprennent le français, car l'enseignant peut utiliser les objets pour présenter du vocabulaire et enrichir les connaissances des élèves. En parlant des objets et en les touchant, les élèves se familiarisent avec les mots et avec leur utilisation dans des phrases. Cette préparation facilite l'expérience de lecture.

Applications et exemples

Les élèves peuvent confectionner des boîtes synthèses pour des textes informatifs et des biographies. Par exemple, après avoir lu un livre sur les différents types de pain dans le monde, des élèves d'une classe de 2e année ont apporté en classe des tranches de pain blanc, des bagels, des tortillas, des pains pitas, des bretzels, des brioches à la cannelle, une pizza et d'autres types de pain.

Les élèves ont pris des photos de chaque sorte de pain pour leur boîte synthèse. Ils ont indiqué le pays d'origine des pains sur une carte du monde. Puis ils ont goûté aux pains et indiqué ceux qu'ils préféraient. L'enseignant a ramassé les textes, les a reliés et a rangé le livre dans la boîte. Si les élèves font une recherche sur leur auteur préféré, ils peuvent fabriquer une boîte contenant une collection de livres de cet auteur, de l'information biographique, une lettre que l'élève a écrite à l'auteur et, avec de la chance, une réponse de l'auteur.

Références

Hébert, Marie-Francine (2002). *Décroche-moi la lune*, Saint-Lambert, Dominique et compagnie.

MacLachlan, Patricia (2004). *Sarah la pas belle*, Paris, Gallimard-Jeunesse.

Tompkins, G. E. (2003). *Literacy for the 21st century: A balanced approach* (3e éd.), Upper Saddle River, Merrill/Prentice Hall.

STRATÉGIE 4 Centre de littératie

- ● modules littéraires
- ○ cercles de lecture
- ○ ateliers de lecture/d'écriture
- ○ modules thématiques

- ● préscolaire
- ○ maternelle à 2ᵉ année
- ● 3ᵉ année à 5ᵉ année
- ● 6ᵉ année au 1ᵉʳ cycle du secondaire

- ○ individuel
- ○ deux par deux
- ● équipes
- ○ ensemble des élèves

Les centres de littératie offrent des activités adaptées au travail en équipe. Ces activités se déroulent habituellement dans des endroits réservés à cette fin dans la classe, ou à des pupitres regroupés (Fountas et Pinnell, 1996). Plusieurs centres de littératie, notamment Création de mots, Bibliothèque, Compétences, Ordinateur et Marionnettes, conviennent bien aux modules littéraires. Le tableau 4.1 présente une description des 20 centres utilisés dans les classes au primaire. Même si on voit surtout les centres de littératie au primaire, ils conviennent à tous les niveaux scolaires.

Centre de littératie	Précision
Auteur	Ce centre présente de l'information sur un auteur à l'étude. Il contient souvent des affiches, des livres, et des vidéocassettes à propos de l'auteur que les élèves peuvent consulter. Les élèves peuvent également utiliser ce centre pour écrire des lettres à cet auteur.
Livre collectif (*voir la page 76*)	Les élèves écrivent des pages qui seront insérées dans le livre de classe. Chaque élève crée une page selon des critères établis au préalable. Par la suite, l'enseignant relie les pages.
Ordinateur	Un laboratoire d'informatique muni d'ordinateurs avec traitements de texte et logiciels de graphisme, livres interactifs sur CD, et autres logiciels.
Grille d'information (*voir la page 46*)	Les élèves consultent des textes informatifs et des ouvrages de référence pour trouver de l'information qui servira à créer des grilles d'information. L'information recueillie est consignée dans une grille de classe ou des grilles individuelles.
Au quotidien	Les élèves utilisent toutes sortes d'imprimés authentiques. Par exemple, un centre sur l'entretien ménager proposera des emballages de produits alimentaires, ou encore un centre urbain présentera des panneaux de signalisation.
Bibliothèque	Les bibliothèques de classe offrent une grande variété de livres et de matériels de lecture classés en fonction du sujet ou de niveau de lecture. Les élèves choisissent des livres correspondant à leur niveau de lecture qu'ils pourront lire et relire.
Poste d'écoute	Les élèves utilisent un magnétophone et des écouteurs pour écouter des histoires et d'autres textes lus à voix haute. Les élèves peuvent également utiliser des copies des textes pour lire à voix haute tout en écoutant.
Formation de mots (*voir la page 41*)	Les élèves utilisent des cartes de lettres, des lettres magnétiques, des lettres et du carton vierge pour former des mots dont l'orthographe est similaire, ou pour disposer des lettres de différentes manières afin de former des mots de deux, trois, quatre ou cinq lettres.

TABLEAU 4.1 Vingt centres de littératie

Message	Le centre de message comprend une boîte aux lettres ou un babillard permettant aux élèves d'envoyer des notes à leurs camarades de classe. Ce centre comprend une liste de noms, des autocollants utilisés en guise de timbres, des cartes postales et plusieurs modèles de papier et d'enveloppes.
Phonétique	Ce centre contient toutes sortes de petits objets, d'images, des lettres magnétiques, des cartes de lettres, des cartons vierges. Les élèves mettent en pratique les concepts de phonétique appris, comme associer des mots et des images selon le rythme, classer des objets en fonction du premier son ou de la première voyelle de leur nom, écrire une série de mots qui représentent une famille de mots comme ceux se terminant par le suffixe *-ette*.
Phrases ou mots	L'enseignant prépare des phrases sur des bandes de papier ou des cartes de mots tirés d'une chanson ou d'un poème que les élèves connaissent déjà. Les élèves doivent placer les phrases ou les mots de façon à pouvoir lire le poème ou chanter la chanson. Les élèves peuvent ensuite utiliser d'autres phrases et d'autres mots pour construire de nouvelles versions ou écrire des variantes.
Poésie	Ce centre offre des tableaux sur les différentes formes de poésie que les élèves utilisent en guise de modèles pour écrire des poèmes. Ils utilisent souvent les formes de poésie déjà présentées en classe.
Lecture d'épreuve	Les élèves utilisent des correcteurs d'orthographe, le mur de mots (voir la page 86) et des dictionnaires pour corriger leurs compositions. Les élèves travaillent souvent deux par deux dans ce centre.
Marionnettes	Ce centre contient des marionnettes, des théâtres de marionnettes et du matériel de manipulation en lien avec les livres lus. Les élèves utilisent ce matériel pour raconter l'histoire et créer des suites.
Une classe « à lire et à écrire »	Ce centre comporte des baguettes de lecture (tiges de bois munies d'une gomme à effacer) et des lunettes (sans les lentilles) que les élèves utilisent pour circuler dans la classe en pointant avec la baguette de lecture des objets, des mots, des phrases et des livres. Le centre contient également des planchettes à pince et des crayons que les élèves utilisent pour noter les mots et les phrases qu'ils connaissent déjà.
Mise en séquence	Les élèves mettent en séquence des groupes d'images illustrant les événements d'une histoire ou des scénarimages (voir la page 104). Les élèves peuvent également fabriquer des scénarimages pour des livres d'images et des chapitres de livres.
Compétences	Ce centre permet aux élèves de mettre en pratique les compétences apprises pendant les mini-leçons (voir la page 83). L'enseignant place le matériel utilisé dans les mini-leçons afin que les élèves puissent le réutiliser. Les élèves classent les cartes de mots, écrivent des exemples additionnels dans des tableaux et manipulent du matériel.
Orthographe	Les élèves utilisent un tableau et des lettres magnétiques pour orthographier des mots.

TABLEAU 4.1 Vingt centres de littératie (*suite*)

Classement de mots (voir la page 17)	Les élèves classent des mots en fonction du sens ou de la structure. Les élèves peuvent coller les mots ainsi classifiés sur du carton ou encore, ils peuvent classer les mots sans les coller.
Écriture	Ce centre fournit du matériel d'écriture, notamment des crayons, du papier, des livres vierges, des cartes postales, des dictionnaires et des murs de mots, que les élèves utilisent pour diverses activités d'écriture. Il contient également des fournitures servant à la fabrication de livres comme du carton, du papier peint, du tissu, du papier, des agrafeuses grand format, du fil et des crayons marqueurs.

TABLEAU 4.1 Vingt centres de littératie (*suite*)

Dans certaines classes, tous les élèves travaillent en même temps dans les centres de littératie; dans d'autres classes, certains élèves vont dans les centres pendant que des petits groupes de leurs camarades travaillent avec l'enseignant.

Les activités proposées dans les centres sont en lien avec les histoires abordées dans les cercles de lecture et avec les compétences et les stratégies présentées dans les mini-leçons. Certains centres, comme les centres d'écriture et la bibliothèque, sont permanents, tandis que d'autres centres varient en fonction des objectifs de l'enseignant.

Dans certaines classes, les élèves circulent librement d'un centre à l'autre selon leurs intérêts; dans d'autres, l'enseignant assigne un centre ou un choix de centres aux élèves. Les élèves peuvent signer une feuille de présence lorsqu'ils vont dans un centre, ou rayer leur nom sur une liste accrochée dans chaque centre.

Il est rare que les élèves doivent passer d'un centre à l'autre selon une formule rigide, par exemple toutes les 15 ou 30 minutes; en fait, ils passent d'un centre à l'autre une fois la tâche terminée.

Étape par étape

1. *Préparer les centres.* L'enseignant prépare de 4 à 10 centres, chacun présentant une marche à suivre, du matériel et l'espace nécessaire pour accommoder un petit groupe d'élèves. Il décrit aux élèves les types d'activités de chaque centre et fait une démonstration.

2. *Faire travailler les élèves dans les centres.* L'enseignant circule dans la classe et donne des conseils sur la façon de travailler dans les centres et de faire les activités.

3. *Prévoir un système de gestion des centres.* L'enseignant demande aux élèves de noter leur présence dans les centres au moyen de pinces à linge placées près de leur nom sur une feuille de présence, d'une liste de noms à cocher ou de tout autre système.

4. *Évaluer les progrès des élèves.* L'enseignant évalue les progrès des élèves pendant que ceux-ci se déplacent d'un centre à l'autre et rappelle les consignes des activités.

5. *Adapter les centres.* Au besoin, l'enseignant adapte les centres pour maintenir l'intérêt des élèves, leur donner l'occasion d'exercer les compétences enseignées et leur permettre d'approfondir leurs connaissances sur le livre à l'étude dans le module littéraire.

Applications et exemples

Les centres de littératie qui sont utilisées au primaire ont diverses utilisations. Par exemple, dans une classe de 1re année qui lit le livre *La souris qui cherche un ami* (Carle, 2000), les élèves pourraient utiliser les centres suivants :

- *Centre d'écriture.* Les élèves écrivent des livres sur leur biscuit préféré ou leur propre version du livre de Carle.

- *Centre de phonétique.* Les élèves classent des objets. Ils mettent dans un panier les objets qui se terminent par le son /i/ (comme *souris*), et dans un autre panier tous les autres objets. Ou encore, ils peuvent classer un groupe d'objets mentionnés dans l'histoire (feuilles de papier, biscuit, paille, peigne) dans deux paniers selon le nombre de syllabes de chaque mot.

- *Centre du poste d'écoute.* Les élèves écoutent un récit raconté sur cassette. Si le livre n'est pas disponible sur cassette, l'enseignant peut faire l'enregistrement lui-même.

- *Centre de mise en séquence.* Les élèves racontent l'histoire et disposent en cercle un ensemble d'images représentant les événements de l'histoire.

- *Centre de création de mots.* Les élèves utilisent des lettres magnétiques pour écrire des mots tirés de l'histoire.

Dans une classe du 1er cycle du secondaire, les élèves qui lisent un ouvrage portant sur le Moyen-Âge ou un roman dont l'histoire se déroule à cette époque peuvent participer aux centres suivants :

- *Centre d'écriture.* Les élèves écrivent dans un journal à deux colonnes (voir la page 55).

- *Centre du livre collectif.* Les élèves font un abécédaire (voir la page 1) sur le Moyen-Âge.

- *Centre du mur de mots.* Les élèves ajoutent à leur mur de mots (voir la page 86) des mots en lien avec le Moyen-Âge, comme *tournoi* et *dot*. Ils vérifient la définition du mot dans le dictionnaire et font un dessin pour décrire ou définir le mot.

- *Centre des compétences.* Les élèves travaillent en équipes de deux pour créer des portraits des personnages à différents moments clés de l'histoire.

- *Centre de poésie.* Les élèves travaillent en petites équipes pour écrire des poèmes à l'aide de phrases tirées de l'histoire. Ils utilisent un ordinateur pour écrire leurs poèmes.

- *Centre de création de mots.* Les élèves utilisent les cartes de lettres correspondant aux lettres du titre du livre pour former le plus de mots possible. Ils dressent la liste des mots ainsi formés sur une grande feuille de papier selon le nombre de lettres de chaque mot.

Références

Carle, Éric (2000). *La souris qui cherche un ami,* Mijade.

Fountas, I. C., et Pinnell, G. S. (1996). *Guided reading: Good first teaching for all children,* Portsmouth, Heinemann.

STRATÉGIE 5 Cercle de lecture

- ● modules littéraires
- ● cercles de lecture
- ○ ateliers de lecture/d'écriture
- ○ modules thématiques

- ● préscolaire
- ● maternelle à 2ᵉ année
- ● 3ᵉ année à 5ᵉ année
- ● 6ᵉ année au 1ᵉʳ cycle du secondaire

- ○ individuel
- ○ deux par deux
- ● équipes
- ● ensemble des élèves

Un cercle de lecture est une discussion au cours de laquelle les élèves explorent des interprétations possibles d'une œuvre littéraire et partagent entre eux les émotions que leur lecture a soulevées (Eeds et Wells, 1989 ; Peterson et Eeds, 1990). Les élèves s'assoient en cercle de façon à se voir les uns les autres. L'enseignant agit comme animateur alors que la discussion se fait avant tout entre les élèves. Traditionnellement, les discussions littéraires consistaient à répondre à des questions préétablies ; ici, la formule tient davantage de la conversation.

Étape par étape

1. *Lire le livre.* Les élèves lisent le livre ou une partie du livre, ou écoutent l'enseignant le lire à voix haute.

2. *Préparer le cercle de lecture.* Cette étape est facultative. Les élèves réagissent au livre par l'écriture minute ou le dessin minute dans le cas des plus jeunes (voir la page 36). Ils peuvent aussi noter leurs commentaires dans leur journal de lecture (voir la page 61).

3. *Discuter du livre.* Les élèves se réunissent tous ensemble ou en équipes pour discuter du livre.

4. *Donner son opinion.* À tour de rôle, les élèves disent ce qu'ils pensent du livre (l'histoire, leurs liens personnels avec l'histoire, le langage utilisé, les illustrations, l'auteur ou l'illustrateur). Pour commencer le cercle de lecture, l'enseignant invite les élèves à faire part de leurs idées et à poser des questions. Il peut utiliser une formule comme « Qui aimerait commencer ? », « Que pensez-vous du livre ? », « Qui aimerait faire part de ses commentaires ? ». Les élèves peuvent lire leurs notes d'écriture minute ou leur journal de lecture. Tous les élèves participent ; ils peuvent intervenir en appuyant les commentaires de leurs camarades et demander des éclaircissements. Afin que tous participent, l'enseignant s'assure que les élèves ne font pas plus de deux ou trois interventions avant que chaque élève ait parlé au moins une fois. Les élèves peuvent faire référence au livre ou en lire un court extrait pour appuyer leur opinion, mais il ne doit pas s'agir de lecture à tour de rôle. Les élèves peuvent faire des pauses.

5. *Poser des questions.* Quand tout le monde a eu l'occasion de s'exprimer, l'enseignant pose des questions ouvertes. Ces questions devraient porter sur un ou deux aspects du livre que les élèves n'ont pas soulevés. L'enseignant peut, par exemple, s'attarder sur les illustrations, l'auteur ou certains éléments littéraires, ou comparer le livre avec un autre ou avec un film tiré du livre.

6. *Faire un retour sur le cercle de lecture.* Cette étape est facultative. À l'aide de l'écriture minute ou du dessin minute, les élèves écrivent ou dessinent leurs impressions (pour la première ou deuxième fois, selon qu'ils ont fait ou non l'étape 2). Ils peuvent aussi écrire dans leur journal de lecture.

Applications et exemples

Les cercles de lecture ne durent que 10 à 20 minutes et peuvent suivre la lecture d'un livre ou de chaque chapitre (ou section) d'un long livre. Il n'est pas nécessaire d'évaluer la participation des élèves aux cercles de lecture, mais les élèves doivent apporter leur contribution et soutenir les interventions de leurs camarades.

En outre, les élèves peuvent écrire leurs commentaires dans leur journal de lecture avant la discussion, puis décrire par la suite ce qu'ils ont appris au cours du cercle de lecture.

Références

Eeds, M., et Wells, D. (1989). « Grand conversations: An exploration of meaning construction in literature study groups », *Research in the Teaching of English*, n° 22, p. 4 à 29.

Peterson, R., et Eeds, M. (1990). *Grand conversations: Literature groups in action*, New York, Scholastic.

STRATÉGIE 6 Chaise d'auteur

- ● modules littéraires
- ○ cercles de lecture
- ● ateliers de lecture/d'écriture
- ● modules thématiques

- ● préscolaire
- ● maternelle à 2e année
- ● 3e année à 5e année
- ● 6e année au 1er cycle du secondaire

- ○ individuel
- ○ deux par deux
- ● équipes
- ● ensemble des élèves

La chaise d'auteur peut être une berceuse, une chaise de jardin avec un coussin, un tabouret, un fauteuil de metteur en scène, etc. : l'important est de l'identifier clairement avec l'inscription « Chaise d'auteur » (Karelitz, 1993). À tour de rôle, les élèves s'assoient dans cette chaise afin de présenter à leurs camarades de classe les livres qu'ils ont écrits ; c'est le seul moment où ils ont la permission de l'utiliser. Cette stratégie est utile du préscolaire au secondaire, mais elle prend plus d'importance dans les classes du primaire alors que les élèves acquièrent le principe de paternité (Graves, 1994).

Donald Graves et Jane Hansen (1983) ont documenté l'éveil graduel des enfants à la notion d'auteur et leur propre conscience d'être eux-mêmes des auteurs. Après avoir lu et entendu lire des livres, les élèves acquièrent la notion que les auteurs sont les personnes qui écrivent les livres. Ensuite, les élèves découvrent que s'ils écrivent des livres, ils deviennent de ce fait des auteurs. Le fait de s'asseoir dans la chaise d'auteur pour présenter à leurs camarades de classe les livres qu'ils ont écrits aide les enfants à se considérer comme des auteurs. Enfin, les élèves se rendent compte qu'ils ont plusieurs options lorsqu'ils écrivent. Ils en prennent davantage conscience en expérimentant avec différents genres littéraires, types d'écriture et publics. Après avoir présenté leurs livres à leurs camarades de classe et écouté leurs commentaires, les élèves comprennent que s'ils devaient écrire de nouveau un livre, ils ne s'y prendraient pas nécessairement de la même façon.

Étape par étape

1. *Choisir une chaise spéciale.* Pour cette stratégie, l'enseignant achète souvent une chaise adaptée à la taille d'un enfant pour servir de chaise d'auteur. Il y appose l'inscription « Chaise d'auteur ». Il peut peindre la chaise et y faire l'inscription au pochoir. Une chaise de jardin ou un fauteuil de metteur en scène conviennent aussi.

2. *Expliquer l'utilisation de la chaise d'auteur.* Les élèves-auteurs s'assoient dans cette chaise pour présenter à leurs camarades les livres qu'ils ont écrits pendant l'atelier d'écriture ou les autres activités d'écriture.

3. *Inviter un enfant à s'asseoir dans la chaise d'auteur.* Un groupe d'enfants s'assoient par terre ou sur des chaises placées en face de la chaise d'auteur.

4. *Demander à l'élève-auteur de lire.* L'élève assis dans la chaise d'auteur lit à voix haute un livre ou un autre texte de son crû, et présente les illustrations qui l'accompagnent.

5. *Inviter les autres élèves à réagir.* Les élèves de l'auditoire lèvent la main pour faire un compliment, poser une question ou faire un commentaire sur le livre.

6. *Demander à l'enfant de désigner un camarade de classe.* Après que deux ou trois élèves ont fait un commentaire sur le livre, l'élève-auteur désigne l'élève qui présentera son livre, puis va s'asseoir avec ses camarades de classe.

Applications et exemples

Les élèves utilisent la chaise d'auteur pour présenter leurs compositions, que ce soit un projet réalisé dans le cadre du module littéraire ou d'un module thématique, ou encore d'un atelier d'écriture. Même si l'approche de Graves et Hansen est destinée aux jeunes enfants, le concept peut plaire aux élèves de tous les niveaux.

Références

Graves, D. H. (1994). *A fresh look at writing*, Portsmouth, Heinemann.

Graves, D. H., et Hansen, J. (1983). «The author's chair », *Language Arts*, n° 60, p. 176 à 183.

Karelitz, E. B. (1993). *The author's chair and beyond*, Portsmouth, Heinemann.

STRATÉGIE 7 Classement de mots

- ● modules littéraires
- ● cercles de lecture
- ○ ateliers de lecture/d'écriture
- ● modules thématiques

- ● préscolaire
- ● maternelle à 2ᵉ année
- ● 3ᵉ année à 5ᵉ année
- ● 6ᵉ année au 1ᵉʳ cycle du secondaire

- ● individuel
- ● deux par deux
- ● équipes
- ● ensemble des élèves

Cette stratégie permet aux élèves d'examiner et de classer des mots en fonction de leurs significations, des correspondances sons-symboles, ou de l'orthographe (Bear, Invernizzi, Templeton et Johnston, 1996 ; Schlagal et Schlagal, 1992). Cette stratégie aide les élèves à se concentrer sur les aspects conceptuels et phonologiques des mots et à reconnaître les structures récurrentes. Par exemple, quand les élèves classifient les cartes éclair des mots : *complète, discrète, secrète, concrète*, ils découvrent la règle des mots dont la terminaison *-et* devient *-ète*.

Les élèves classifient les groupes de mots, d'objets ou d'images en fonction des critères suivants :

- les relations conceptuelles, c'est-à-dire les liens entre les mots et les personnages de l'histoire ;
- les rimes, comme dans les mots *bas, chat, rat, mât* ;
- les sons de consonne, par exemple les images ou les mots qui commencent par la lettre *r* ou *l* ;
- les relations sons-symboles, par exemple les mots qui commencent par le son /i/, mais qui s'écrivent *hi*, comme *hibou, hirondelle* ;
- les règles et les structures d'orthographe, par exemple les mots qui doublent la consonne finale au féminin : *paysan, paysanne* ; *bas, basse* ; *chat, chatte* ;
- la racine des mots et les affixes ;
- les homonymes.

Un grand nombre de mots proviennent des livres que les élèves sont en train de lire ou des modules thématiques. La figure 7.1 montre un classement réalisé par des élèves de 1ʳᵉ année. Les élèves ont classé les mots en fonctions de trois rimes : *bain, mont* et *pot*.

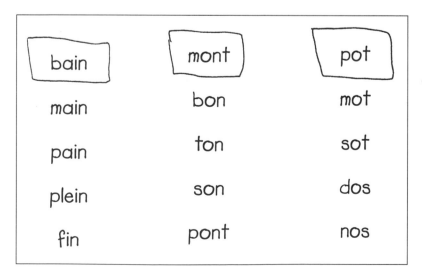

FIGURE 7.1
Le classement de mots réalisé par un élève de 1ʳᵉ année

Étape par étape

1. *Choisir un sujet.* L'enseignant choisit un sujet en lien avec les domaines d'intérêt ou les compétences langagières des élèves, puis il détermine si les mots seront classés selon des catégories ouvertes ou fermées. Dans le premier cas, les élèves déterminent eux-mêmes les catégories en fonction des mots à classer. Dans le second, c'est l'enseignant qui indique les catégories utilisées pour le classement.

2. *Dresser une liste de mots.* L'enseignant dresse une liste de 6 à 20 mots, selon le niveau scolaire, en guise d'exemples pour les catégories, puis il écrit ces mots sur de petites cartes. Il peut également utiliser de petits objets ou des illustrations.

Les cartes de mots sont utiles au classement pour les élèves qui apprennent le français. Elles rendent l'activité plus concrète. Les élèves peuvent ajouter des images aux cartes pour reconnaître les mots. De plus, ils entendent leurs camarades prononcer les mots et les expliquer.

3. *Modéliser le classement.* Si l'enseignant choisit des catégories fermées, il les présente aux élèves, puis il leur demande de classer des mots, de petits objets ou des illustrations en fonction de ces catégories.

   S'il s'agit de catégories ouvertes, les élèves regroupent des mots, des images ou des objets puis cherchent des catégories possibles. Les élèves classent et reclassent les objets dans les différentes catégories jusqu'à ce qu'ils obtiennent un classement satisfaisant. Enfin, ils nomment les catégories.

4. *Faire une copie permanente.* Les élèves conservent une copie permanente de leur classement. Ils collent les cartes de mots ou d'images sur une grande feuille de papier de bricolage ou sur du carton. Ou encore, les élèves écrivent les mots ou font des dessins sur des feuilles de papier, comme à la figure 7.1.

5. *Présenter les classements.* Les élèves présentent leurs classements à leurs camarades et décrivent leurs catégories.

Applications et exemples

Les élèves classent de petits objets, des images ou des cartes de mots. Par exemple, pour développer le sens de la phonétique, les jeunes enfants classent des objets en fonction de leur consonance (*pou, mou, cou, sous*) ou du son de départ (*beau, bon, bas, bien*). Ils peuvent également classer des images de plantes en fonction du type de plante (par exemple, *arbres, fleurs, fruits, légumes*), ou classer des dieux et des déesses en fonction de la civilisation (*égyptienne, grecque* ou *romaine*).

Pendant l'étude des moyens de transport, des apprenants en langue française de 4e et 5e année ont classé de petits modèles en plastique et des images représentant des moyens de transport terrestres, aériens ou maritimes, puis ils ont produit le classement de mots présenté à la figure 7.2.

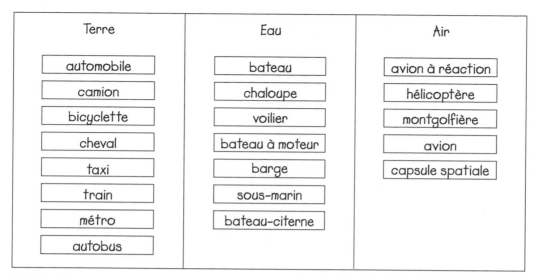

Terre	Eau	Air
automobile	bateau	avion à réaction
camion	chaloupe	hélicoptère
bicyclette	voilier	montgolfière
cheval	bateau à moteur	avion
taxi	barge	capsule spatiale
train	sous-marin	
métro	bateau-citerne	
autobus		

FIGURE 7.2   Un classement de mots sur les moyens de transport

Références

Bear, D. R., Invernizzi, M., Templeton, S., et Johnston, F. (1996). *Words their way: Word study for phonics, vocabulary, and spelling instruction*, Upper Saddle River, Merrill/Prentice Hall.

Schlagal, R. C., et Schlagal, J. H. (1992). «The integral character of spelling: Teaching strategies for multiple purposes», *Language Arts*, n° 69, p. 418 à 424.

STRATÉGIE 8 Courtepointe

- ● modules littéraires
- ● cercles de lecture
- ● ateliers de lecture/d'écriture
- ● modules thématiques

- ● préscolaire
- ● maternelle à 2e année
- ● 3e année à 5e année
- ● 6e année au 1er cycle du secondaire

- ○ individuel
- ○ deux par deux
- ● équipes
- ● ensemble des élèves

Les élèves font des carrés en papier de bricolage et les disposent de manière à créer des courtepointes. Ces courtepointes servent à faire ressortir le thème d'une histoire et à rendre hommage à une histoire que les élèves ont lue au cours d'un module littéraire (Tompkins, 2002). La figure 8.1 montre un carré de courtepointe fabriqué à partir d'une histoire qui parle d'un petit garçon qui n'a pas de maison et qui vit avec son père. Les élèves de 2e année ont créé un motif d'« alliance » pour la courtepointe.

FIGURE 8.1
Un carré de courtepointe
d'un élève de 2e année

▍ Étape par étape

1. *Concevoir un carré de courtepointe.* L'enseignant et les élèves choisissent un motif pour les carrés de la courtepointe, selon l'histoire, son thème, ses personnages ou son contexte. Les élèves peuvent choisir un motif existant ou en inventer un qui représente un aspect important de l'histoire. Ils choisissent également des couleurs symboliques pour chacune des formes qui composent le carré de courtepointe.

2. *Confectionner les carrés.* Les élèves fabriquent chacun un carré. Ils choisissent une phrase qu'ils ont aimée dans l'histoire ou un commentaire au sujet de l'histoire. Ils l'écrivent autour du carré ou à l'intérieur.

3. *Assembler la courtepointe.* L'enseignant assemble les carrés et les colle pour former la courtepointe. Il applique une doublure de papier au dos ou agrafe les carrés côte à côte sur un grand panneau d'affichage. La figure 8.2 montre la courtepointe que des élèves ont faite à partir d'un module littéraire.

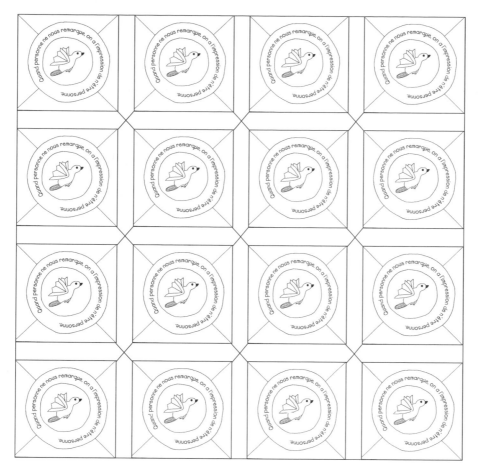

FIGURE 8.2 La courtepointe d'une classe de 2ᵉ année

Applications et exemples

Les courtepointes peuvent aussi être faites de tissu. Comme projet de fin d'année ou pour souligner la Semaine du livre, l'enseignant peut découper des carrés de tissu de couleur pâle puis demander aux élèves de représenter leurs histoires préférées par un dessin fait aux marqueurs à tissu et d'inscrire le titre et le nom de l'auteur de ces histoires. Ensuite, l'enseignant ou d'autres adultes cousent les carrés ensemble, y ajoutent une bordure et font la finition de la courtepointe. Pour plus d'idées sur la confection d'une courtepointe, consulter *Patchwork et courtepointe, ouvrage de Dame Couture* (Collectif, 2004).

Références

Collectif (2004). *Patchwork et courtepointe, ouvrage de Dame Couture*, Montréal, Modus Vivendi.
Tompkins, G. E. (2002). *Language arts: Content and teaching strategies* (5ᵉ éd.),
Upper Saddle River, Merrill/Prentice Hall.

STRATÉGIE 9 Cube de présentation

● modules littéraires	○ préscolaire	○ individuel
○ cercles de lecture	○ maternelle à 2e année	○ deux par deux
○ ateliers de lecture/d'écriture	● 3e année à 5e année	● équipes
● modules thématiques	● 6e année au 1er cycle du secondaire	● ensemble des élèves

Cette stratégie utilise un cube pour inviter les élèves à présenter un sujet selon six points de vue différents (Neeld, 1986). Chaque face du cube correspond à un point de vue. Les mots clés ci-dessous résument chacun d'eux :

- Décrire (description physique ou autre).
- Analyser (analyse des éléments ou des composantes).
- Utiliser ou Appliquer (explication de l'utilité et des usages ou encore précision quant à l'application d'un concept).
- Associer (associer le sujet à autre chose et justifier le lien créé).
- Comparer (comparer le sujet avec un autre sujet et faire ressortir les ressemblances et les différences).
- Prendre position (se prononcer pour ou contre le sujet et présenter des arguments pour défendre sa position).

On peut utiliser les cubes de deux manières pour démontrer les connaissances acquises : comme outil de révision peu formel pour un thème à l'étude ou comme projet plus structuré permettant de montrer les apprentissages faits durant un module thématique. Dans le cas de projet, les élèves utilisent le cube pour structurer leur rédaction ; ils rédigent un texte pour chaque face du cube, puis ils le révisent et le corrigent.

Étape par étape

1. *Choisir un sujet.* Les élèves choisissent un sujet en lien avec un module littéraire ou un module thématique.

2. *Former des équipes.* L'enseignant forme six équipes d'élèves. Chaque équipe étudie le sujet selon un des six points de vue. L'enseignant peut aussi répartir les élèves en équipes de six (chaque membre de l'équipe étudie alors le sujet selon un des six points de vue, de sorte que chaque équipe construit un cube).

3. *Faire un remue-méninges.* Les élèves cherchent des idées pour alimenter leur réflexion sur l'aspect qu'ils ont à couvrir. Ils notent leurs idées avec l'écriture minute ou le dessin minute (voir la page 36).

4. *Faire le cube.* Les élèves présentent leurs idées à leurs camarades, puis ils collent leurs notes sur l'un des côtés d'une boîte tenant lieu de cube. Les élèves peuvent également construire un cube à partir du gabarit de la figure 9.1 qui aura été agrandi, découpé puis assemblé.

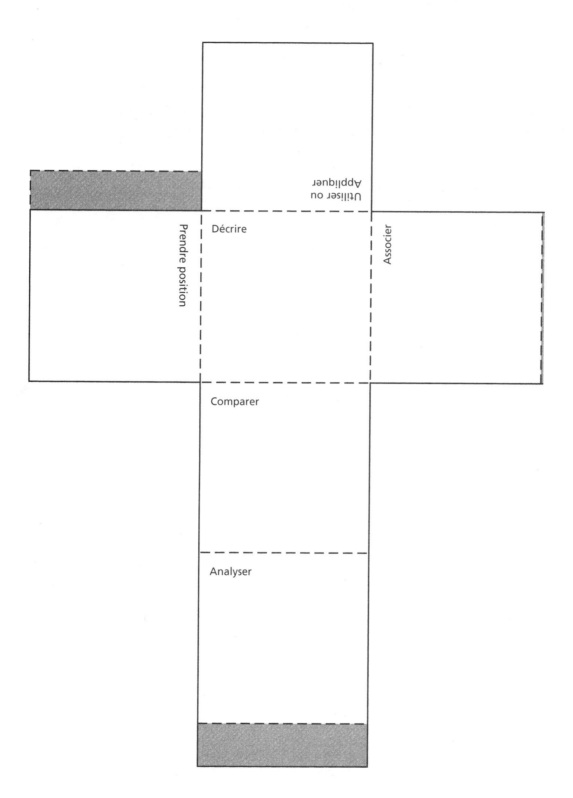

FIGURE 9.1 Gabarit pour construire un cube de présentation

Applications et exemples

Cette stratégie est utile dans les modules thématiques interdisciplinaires. Les élèves de tous les niveaux peuvent s'en servir pour présenter des sujets comme l'Antarctique, la Constitution canadienne, les espèces animales menacées, etc. Le cube de présentation peut aussi servir à analyser le personnage d'un conte ou d'un roman.

Par exemple, un petit groupe d'élèves de 5e année a conçu le cube de présentation ci-dessous au sujet d'Anne-Marie, une fillette catholique qui a aidé son amie juive Ellen à se cacher pour survivre dans *Compte les étoiles* (Lowry, 1990).

Décrire : Anne-Marie a dix ans. Elle est danoise et catholique. Elle a les cheveux blonds cendrés et les yeux bleus. Elle est intelligente et sportive, et c'est une bonne amie d'Ellen.

Analyser : Anne-Marie est juste une fille normale, mais elle doit faire des choses dangereuses à cause de la guerre. S'il y avait une guerre en Amérique, il se pourrait que nous ayons à faire des choses dangereuses aussi. Il faudrait que nous soyons aussi braves qu'elle.

Appliquer : Quand nous avons lu l'histoire d'Anne-Marie, nous avons vu ce que cela voulait dire, être brave. Nous avons appris qu'il ne faut pas être égoïste et qu'il faut penser aux autres. Il faut également se montrer rusé, et une des façons d'être rusé, c'est de faire semblant d'être idiot. Il est préférable de ne pas savoir trop de secrets durant une guerre.

Associer : Anne-Marie nous ressemble beaucoup. Nous l'aimerions si elle était dans notre classe.

Comparer : Anne-Marie ressemble beaucoup à son amie Ellen. Elles sont toutes les deux danoises. Elles sont toutes les deux de bonnes élèves et de bonnes amies, mais elles n'ont pas la même apparence. Anne-Marie est blonde alors qu'Ellen est brune. Anne-Marie est plus mince qu'Ellen et elle court plus vite qu'Ellen. Toutefois, la plus grande différence réside dans leurs religions et ce qu'elles représentent à l'époque de la Seconde Guerre mondiale. Anne-Marie est en sécurité parce qu'elle est catholique, tandis qu'Ellen est en danger parce qu'elle est juive et que les Allemands veulent se débarrasser des Juifs.

Prendre position : Anne-Marie est la personne la plus brave que nous connaissons. Elle veut juste être une fille de son âge, mais elle doit prendre position. Ellen est brave, aussi, mais elle n'a pas le choix. Elle doit aller dans un camp de concentration et serait probablement morte si elle n'avait pas été brave. Pour Anne-Marie, c'est différent. Elle pourrait fermer les yeux et ne pas aider son amie, mais elle ne le fait pas parce qu'elle est brave. Elle choisit d'être brave. C'est ce que nous ferions aussi.

Références

Lowry, Lois. (1990). *Compte les étoiles*, Paris, L'école des loisirs.
Neeld, E. C. (1986). *Writing* (2e éd.), Glenview, Scott Foresman.

STRATÉGIE 10 Dessiner sa pensée

● modules littéraires	○ préscolaire	● individuel
● cercles de lecture	● maternelle à 2ᵉ année	○ deux par deux
○ ateliers de lecture/d'écriture	● 3ᵉ année à 5ᵉ année	○ équipes
○ modules thématiques	● 6ᵉ année au 1ᵉʳ cycle du secondaire	○ ensemble des élèves

La stratégie Dessiner sa pensée utilise la représentation visuelle pour amener les élèves au-delà du sens strict des mots d'une histoire afin de réfléchir aux personnages, au thème, à d'autres éléments de la structure narrative et au style de l'auteur (Harste, Short et Burke, 1988). Les élèves font en équipes des dessins ou des diagrammes qui représentent la signification qu'ils donnent à un texte, et non les personnages ou les passages qu'ils préfèrent. Pour ce faire, les élèves utilisent des traits, des formes, des couleurs, des symboles et des mots qui expriment leurs interprétations et leurs sentiments. Étant donné que les élèves travaillent dans un environnement collectif avec le soutien de leurs camarades de classe, ils mettent en commun leurs idées, approfondissent leur compréhension et génèrent de nouvelles idées (Whitin, 1994, 1996).

Étape par étape

1. *Lire l'histoire et y réagir.* Les élèves lisent une histoire ou plusieurs chapitres d'un livre plus long, puis ils forment un cercle de lecture (voir la page 13) pour y réagir ou écrivent leurs réactions dans leur journal d'apprentissage (voir la page 57).

2. *Discuter des thèmes.* Les élèves discutent avec l'enseignant des thèmes abordés dans l'histoire et des façons d'y associer des symboles. L'enseignant rappelle aux élèves qu'il existe plusieurs façons de représenter la signification d'une expérience, et qu'ils peuvent utiliser des traits, des couleurs, des formes et des symboles pour représenter visuellement ce que signifie l'histoire pour eux. Les élèves discutent avec l'enseignant des significations possibles et des façons de les représenter.

3. *Faire des dessins.* Les élèves font en équipes des dessins qui reflètent ce que l'histoire signifie pour eux. L'enseignant insiste sur le fait que les dessins doivent porter sur la signification, et non représenter un passage préféré, et qu'il y a plusieurs interprétations possibles.

4. *Mettre les dessins en commun.* Les élèves montrent leurs dessins et discutent des symboles utilisés. L'enseignant encourage les élèves à examiner le dessin de chaque élève et à tenter d'interpréter le message.

5. *Présenter des dessins à la classe.* Chaque équipe choisit un dessin et le présente aux autres élèves de la classe.

6. *Revoir les dessins et en faire une version définitive.* Il se peut que des élèves veuillent modifier leur dessin en fonction des commentaires et des idées de leurs camarades de classe. Les élèves font également des versions définitives des dessins qui feront partie de projets.

Applications et exemples

Les élèves devront faire cette activité à plusieurs reprises avant d'arriver à représenter symboliquement une histoire et ne pas simplement dessiner un passage ou un personnage de l'histoire. Il est bon de faire une mini-leçon (voir la page 83) pour présenter cette stratégie et de faire plusieurs dessins avec la classe avant de laisser les élèves travailler individuellement. En faisant plusieurs dessins, les élèves découvrent quil y a plusieurs interprétations possibles. L'enseignant doit aider les élèves à concentrer leurs efforts sur ces interprétations plutôt que sur leurs talents artistiques (Ernst, 1993). La figure 10.1 présente un dessin qui exprime la pensée d'un élève de 4e année au sujet de *La ballade de Lucy Whipple* (Cushman, 2002), une histoire qui se déroule pendant la ruée vers l'or en Californie. Le dessin présente un des thèmes de ce livre, soit que chacun est l'artisan de son propre bonheur et porte son chez-soi en lui.

FIGURE 10.1
Un dessin qui exprime la pensée d'un élève de 4e année au sujet de *La ballade de Lucy Whipple*

Références

Cushman, Karen (2002). *La ballade de Lucy Whipple*, Paris, L'école des loisirs.

Ernst, K. (1993). *Picturing learning,* Portsmouth, Heinemann.

Harste, J. C., Short, K. G., et Burke, C. (1988). *Creating classrooms for authors: The reading-writing connection*, Portsmouth, Heinemann.

Whitin, P. E. (1994). « Opening potential: Visual response to literature », *Language Arts*, no 71, p. 101 à 107.

Whitin, P. E. (1996). *Sketching stories, stretching minds*, Portsmouth, Heinemann.

STRATÉGIE 11 Diagramme de Venn

● modules littéraires	○ préscolaire	● individuel
○ cercles de lecture	● maternelle à 2ᵉ année	● deux par deux
○ ateliers de lecture/d'écriture	● 3ᵉ année à 5ᵉ année	● équipes
● modules thématiques	● 6ᵉ année au 1ᵉʳ cycle du secondaire	● ensemble des élèves

Le diagramme de Venn consiste en deux cercles (ou plus) qui se chevauchent. Les élèves s'en servent pour comparer et opposer des sujets. Ils inscrivent les différences dans les ensembles indépendants, et les ressemblances dans les intersections. L'enseignant peut tracer de grands diagrammes de Venn sur une grande feuille de papier et demander aux élèves d'y classer les ressemblances et les différences; les élèves peuvent également travailler individuellement ou en équipes pour faire des diagrammes de Venn sur du papier de bricolage. Pour ne pas avoir à tracer souvent de grands diagrammes de Venn, l'enseignant peut utiliser une plaque à pizza comme gabarit et tracer les cercles sur du carton qu'il plastifie par la suite. Les élèves écrivent sur ces diagrammes de Venn avec des marqueurs pour transparents.

Les diagrammes de Venn sont utiles, car ils permettent aux élèves d'approfondir et d'analyser ce qu'ils sont en train de lire et d'apprendre. Par exemple, pendant un module littéraire, les élèves peuvent utiliser un diagramme de Venn pour comparer et opposer deux personnages, ou encore comparer un livre et le film qui en est tiré.

Étape par étape

1. *Comparer et opposer des sujets.* L'enseignante présente aux élèves les différences et les ressemblances entre deux sujets. Certains ont plus de ressemblances, d'autres ont plus de différences. L'enseignant détermine à l'avance les ressemblances et les différences afin de pouvoir aider les élèves. Il pose beaucoup de questions pour aider les élèves à faire des comparaisons. Par exemple, pendant la discussion sur la fable de La Fontaine *Le rat des villes et le rat des champs*, l'enseignante d'une classe composée d'élèves de 1ʳᵉ et de 2ᵉ année a posé les questions suivantes :

   • Les deux rats se ressemblaient-ils?
   • Le rat des villes et le rat des champs mangeaient-ils la même chose?
   • Que voulait le rat des villes?
   • Que voulait le rat des champs?

2. *Tracer un diagramme de Venn.* L'enseignant trace un diagramme de Venn sur une feuille (papier, carton ou papier de bricolage), puis il nomme chaque cercle du nom d'un rat. L'enseignant peut inclure des images.

3. *Remplir le diagramme.* Dans les ensembles indépendants, les élèves écrivent ou dessinent les différences entre les deux sujets. Ils écrivent ou dessinent les ressemblances dans l'intersection.

4. *Faire un résumé.* L'enseignant résume l'information présentée dans le diagramme de Venn et aide les élèves à interpréter cette information.

Applications et exemples

Les diagrammes de Venn ont différentes utilisations dans les modules littéraires et les modules thématiques. Dans les modules littéraires, ils servent à comparer et à opposer :

- deux personnages ;
- un livre et un film ;
- deux livres sur un thème semblable ;
- deux livres du même auteur ;
- deux auteurs ou illustrateurs.

Dans les modules thématiques, les diagrammes de Venn permettent de comparer et d'opposer :

- la vie au Moyen-Âge et la vie aujourd'hui ;
- la Terre et les autres planètes du système solaire ;
- les baleines et les cétacés ;
- les arbres à feuillage caduc et les arbres à feuilles persistantes ;
- l'Égypte ancienne et la Grèce ancienne ;
- l'Action de grâce à l'époque des colonies et aujourd'hui.

Même les élèves de maternelle peuvent utiliser des diagrammes de Venn. Pendant un module sur les animaux familiers, un groupe d'élèves d'une classe de maternelle ont écrit leur nom dans le cercle « Aime les chiens » ou dans le cercle « Aime les chats » d'un diagramme de Venn. Les élèves qui aimaient les deux types d'animaux ont écrit leur nom dans l'intersection (voir la figure 11.1).

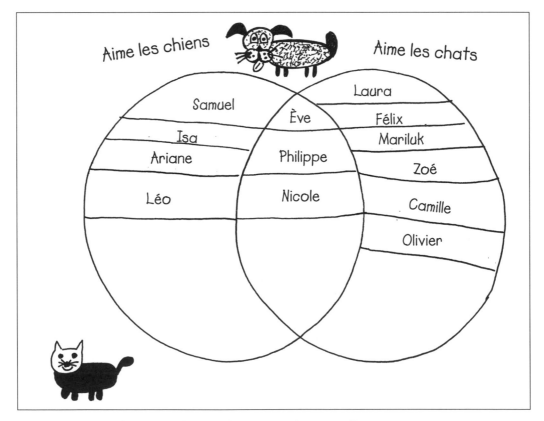

FIGURE 11.1   Le diagramme de Venn d'un groupe de maternelle

Les diagrammes de Venn sont utilisés à la fois pour comparer et opposer deux sujets : pour uniquement opposer deux sujets, par exemple les reptiles et les amphibiens, les dinosaures herbivores et carnivores, l'Arctique et l'Antarctique, les tableaux en T sont plus efficaces que les diagrammes de Venn. Pour faire un tableau en T, on trace un grand T majuscule et on écrit le nom des deux sujets sur la barre horizontale. La figure 11.2 présente un exemple de tableau en T qui oppose les reptiles et les amphibiens.

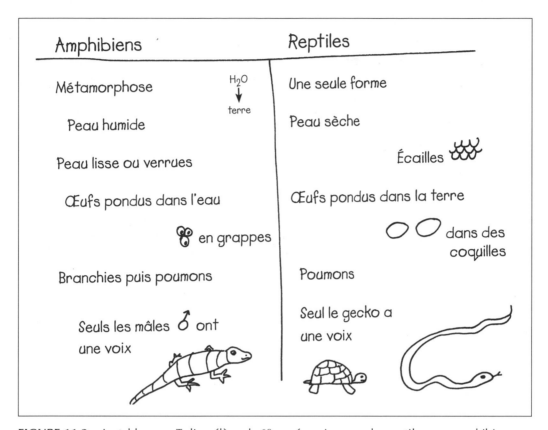

FIGURE 11.2   Le tableau en T d'un élève de 6ᵉ année qui oppose les reptiles aux amphibiens

STRATÉGIE 12 Discussion d'enrichissement

○ modules littéraires	● préscolaire	○ individuel
○ cercles de lecture	● maternelle à 2ᵉ année	○ deux par deux
○ ateliers de lecture/d'écriture	● 3ᵉ année à 5ᵉ année	● équipes
● modules thématiques	● 6ᵉ année au 1ᵉʳ cycle du secondaire	● ensemble des élèves

La discussion d'enrichissement ressemble au cercle de lecture, mais elle porte sur des textes informatifs plutôt que sur des œuvres littéraires. Elle donne aux élèves l'occasion de discuter des idées principales qu'ils abordent dans les manuels scolaires, en plus de favoriser l'apprentissage conceptuel ainsi que les compétences linguistiques (Goldenberg, 1992/1993). Comme le cercle de lecture, la discussion d'enrichissement est intéressante et motivante; les élèves y participent activement en enrichissant les idées de leurs camarades de leurs commentaires. L'enseignant peut participer à la discussion et faire des commentaires comme les élèves, mais son rôle principal est de soulever les fausses croyances ou les erreurs que les élèves ont pu formulées, de poser des questions pour alimenter la discussion ou pour demander à un élève de préciser sa pensée et de donner des explications si cela s'avère nécessaire. Goldenberg a dégagé les éléments suivants pour décrire le contenu et les éléments linguistiques d'une discussion d'enrichissement :

- La conversation porte sur un sujet spécifique.

- Les élèves font appel à ce qu'ils savent déjà sur le sujet ou acquièrent des connaissances nouvelles.

- L'enseignant donne de l'information et enseigne directement les concepts au besoin.

- L'enseignant encourage les élèves à utiliser du vocabulaire plus complexe et un langage plus élaboré pour exprimer leurs idées.

- L'enseignant encourage les élèves à appuyer leurs idées à l'aide d'éléments d'information tirés de manuels scolaires, de collections de livres et de toute autre documentation disponible dans la classe.

- Au cours de la discussion d'enrichissement, les élèves et l'enseignant essaient de poser des questions élaborées, qui appellent souvent plus d'une réponse.

- La classe devient une communauté d'apprenants où les commentaires autant des élèves que de l'enseignant sont respectés et encouragés.

Étape par étape

1. *Choisir un thème.* L'enseignant choisit un thème précis pour la discussion d'enrichissement. Ce thème doit avoir un lien avec les objectifs d'un module ou avec les idées principales d'un texte informatif ou d'un manuel scolaire.

2. *Préparer la discussion d'enrichissement.* L'enseignant présente de l'information en prévision de la discussion, ou invite les élèves à lire un texte informatif pour en savoir plus long sur le sujet.

3. *Commencer la discussion.* Ensemble ou en grandes équipes, les élèves commencent la discussion d'enrichissement. L'enseignant parle du thème choisi. Il fait une affirmation ou pose une question, puis les élèves réagissent, présentent leurs connaissances nouvellement acquises, posent des questions et donnent leur opinion. L'enseignant aide les élèves à formuler leurs commentaires, à élaborer leurs idées et à utiliser le bon vocabulaire. Il écrit aussi les commentaires des élèves sur une liste, dans une toile d'idées (voir la page 116) ou dans un organisateur graphique.

4. *Élargir la conversation.* Après la discussion du thème choisi par l'enseignant, la discussion peut continuer et bifurquer. Les élèves peuvent présenter d'autres éléments d'information intéressants, poser des questions ou faire des liens personnels avec les connaissances qu'ils viennent d'acquérir.

   L'enseignant peut également inviter les élèves à lire à tour de rôle pour discuter ensuite des idées importantes sur cette lecture.

5. *Écrire dans le journal de lecture.* Les élèves écrivent et dessinent dans leur journal de lecture (voir la page 61) les idées importantes mentionnées au cours de la discussion d'enrichissement. Ils peuvent faire référence à la liste ou à la toile d'idées que l'enseignant aura préparée durant la première partie de la discussion.

Applications et exemples

Les discussions d'enrichissement sont utiles pour aider les élèves à saisir les idées importantes qu'ils acquièrent dans les modules thématiques. Par exemple, dans un module sur l'immigration au Canada à travers les siècles, les élèves d'une classe de 5ᵉ année interrogent leurs parents pour savoir s'ils sont des immigrants ou des descendants d'immigrants, rédigent un compte rendu et présentent leurs découvertes à leurs camarades. Ensuite, les élèves lisent un chapitre de leur manuel d'univers social au sujet du Canada en tant que terre d'immigrants. L'enseignant réunit alors tous les élèves pour la discussion d'enrichissement. Pour commencer, il écrit *Le Canada est une terre d'immigrants* au tableau, lit l'énoncé à voix haute et demande aux élèves ce qu'ils en pensent. Les élèves font part de ce qu'ils ont appris durant leurs entrevues et la lecture du chapitre du manuel. Tandis que les élèves discutent, l'enseignant revoit les termes *immigrants* et *descendants* et renforce les trois idées principales du chapitre du manuel à l'aide des énoncés et des questions ci-dessous :

Idée principale 1 : Au cours du 19ᵉ siècle, les gens de nombreux pays ont immigré au Canada.

Donc, nous savons que nous sommes tous immigrants ou descendants d'immigrants. Beaucoup de nos familles sont venues de France, mais d'autres familles sont venues d'autres pays. Lesquels ?

De nos jours, les gens qui immigrent au Canada proviennent-ils toujours de ces mêmes pays ?

Idée principale 2 : Raisons pour lesquelles les immigrants sont venus au Canada

Les immigrants sont venus en Amérique pour différentes raisons. Lesquelles ?

Certains immigrants sont venus en Amérique pour avoir un bon emploi et pour subvenir aux besoins de leurs familles. Y a-t-il d'autres raisons ?

Famine. C'est un mot intéressant. Que veut-il dire ? Pourquoi des gens sont-ils venus s'établir au Canada quand il y avait une famine dans leur pays ?

Nous avons parlé d'immigration pour des raisons de religion, de travail et de sécurité, pour échapper à la guerre et à la famine. Selon vous, les immigrants sont-ils heureux ou tristes de quitter leur pays ?

Et de nos jours, pourquoi un immigrant décide-t-il de s'établir dans notre pays ?

Idée principale 3 : *Un voyage difficile vers le Canada*

Donc, nous savons qu'un très grand nombre d'immigrants ont choisi de venir vivre en Amérique. Ce que je me demande, c'est comment ils se sont rendus jusqu'ici.

Les immigrants qui venaient d'un pays d'Europe ou d'Asie devaient traverser l'océan. Comment vennaient-ils au Canada ?

Les trajets jusqu'au Canada étaient-ils faciles pour les immigrants ? Pourquoi ? Que pouvait-il se passer durant le voyage ?

Les gens qui immigrent aujourd'hui vivent-ils la même situation ?

Dès que les élèves discutent de l'énoncé écrit au tableau, ils tendent à passer d'une idée à l'autre, mais l'enseignant peut les ramener au sujet de discussion par une question ou une remarque. Quand les élèves ont discuté des trois idées, l'enseignant leur demande de faire part à tour de rôle d'une idée qu'ils se rappellent au sujet des immigrants et qu'ils auront tirée de leur lecture ou de la discussion.

Voici des exemples de commentaires d'élèves :

Certaines personnes viennent au Canada parce qu'il y a une guerre dans leur pays et qu'ils veulent être en sécurité.

Toutes les personnes de la classe sont des descendants d'immigrants.

Les immigrants peuvent venir de partout dans le monde.

Je pense que la plupart des immigrants viennent de la France.

Au Canada, on peut pratiquer la religion de nos parents, et c'est une bonne chose.

Je pensais que les Blancs avaient toujours été en Amérique, mais je sais maintenant que seules les Premières nations ont toujours été ici.

Certaines personnes viennent au Canada en voiture, tandis que d'autres viennent en bateau ou en avion.

Les gens pleurent quand ils quittent leur foyer pour venir au Canada, parce qu'ils aiment leur pays mais doivent le quitter.

Pour conclure la discussion d'enrichissement, les élèves écrivent ce qu'ils pensent de l'énoncé écrit au tableau à l'aide de l'écriture minute (voir la page 36). Voici le commentaire d'un élève de 5ᵉ année :

Les gens aiment le Canada et viennent ici pour avoir une meilleure vie lorsque les choses vont mal dans leur pays. Ce sont des immigrants. Ils sont tristes de quitter leur pays, mais heureux d'être en sécurité au Canada. Le Canada est plein d'immigrants et c'est une bonne chose, car ils contribuent à le rendre meilleur. Mon père est un immigrant. Il vient du Mexique. Ma mère, moi et mes frères sommes des descendants d'immigrants. Nous sommes moitié mexicains, moitié canadiens. J'aimerais bien que mon oncle soit un immigrant aussi, mais il veut rester au Mexique. Il immigrera probablement au Canada s'il y a une guerre ou si la police lui interdit d'aller à l'église.

Cet élève aborde les idées principales de la discussion et fait des liens personnels avec le sujet. De plus, il utilise les deux mots clés – *immigrant* et *descendant* – dans son texte. Son paragraphe montre qu'il comprend que le Canada est une terre d'immigrants.

Référence

Goldenberg, C. (1992/1993). « Instructional conversations: Promoting comprehension through discussion », *The Reading Teacher*, nᵒ 46, p. 316 à 326.

STRATÉGIE 13 Écriture interactive

- ● modules littéraires
- ○ cercles de lecture
- ○ ateliers de lecture/d'écriture
- ● modules thématiques

- ○ préscolaire
- ● maternelle à 2e année
- ○ 3e année à 5e année
- ○ 6e année au 1er cycle du secondaire

- ○ individuel
- ○ deux par deux
- ● équipes
- ● ensemble des élèves

Avec l'écriture interactive, les élèves et l'enseignant composent un texte et écrivent à tour de rôle une partie du texte (lettre, mots, ponctuation) sur une grande feuille de papier (Button, Johnson et Furgerson, 1996). L'ensemble des élèves participent, et l'enseignant les assiste pendant qu'ils écrivent le texte, mot à mot. À tour de rôle, tous les élèves participent à la création et à l'écriture du texte ; ils l'écrivent aussi individuellement sur de petits tableaux blancs. Une fois le travail d'écriture complété, les élèves lisent et relisent le texte en lecture partagée (voir la page 72) et en lecture individuelle.

L'écriture interactive sert à enseigner les mécanismes internes de l'écriture et montre aux élèves comment construire des mots en utilisant leurs connaissances sur l'orthographe et sur la correspondance entre les sons et les symboles. Mise au point par la pédagogue bien connue Moira McKenzie, cette stratégie est basée sur les travaux de Don Holdaway sur la lecture partagée (Fountas et Pinnell, 1996).

Étape par étape

1. *Rassembler le matériel pour l'écriture interactive.* L'enseignant rassemble le matériel suivant : grandes feuilles de papier, marqueurs de couleur, ruban-cache blanc, affiche présentant l'alphabet, lettres magnétiques ou cartes de lettres, pointeur. Il prépare également du matériel pour les élèves : marqueurs effaçables à sec, petits tableaux blancs, brosse à effacer.

2. *Déterminer l'objectif de l'activité.* L'enseignant détermine une activité au cours de laquelle la stratégie d'écriture interactive sera mise en pratique. Il peut s'agir de lire un livre, de rédiger un article, de composer une lettre ou de faire une séance de remue-méninges sur des apprentissages récents.

3. *Choisir une phrase à écrire.* Avec les élèves, l'enseignant choisit une phrase ou deux provenant de l'activité accomplie au point 2. Les élèves répètent la phrase à plusieurs reprises, puis ils la découpent en mots.

4. *Distribuer le matériel.* L'enseignant distribue les tableaux blancs, les marqueurs effaçables à sec et les brosses à effacer aux élèves afin qu'ils écrivent individuellement le texte qui a été rédigé par l'ensemble de la classe. L'enseignant aide les élèves à se rappeler la phrase pendant l'écriture. De temps à autre, il vérifie ce que les élèves écrivent sur leurs tableaux respectifs.

L'écriture interactive est utile pour les enfants du préscolaire dont le français est la langue maternelle ou encore pour les élèves plus âgés qui apprennent le français. La méthode est la même dans les deux cas. L'enseignant aide les élèves à analyser une phrase et à l'écrire en français standard. Ce faisant, il insiste sur la prononciation, les règles d'orthographe, la structure des phrases et les conventions d'écriture.

5. *Écrire la première phrase mot à mot.* Avant d'écrire le premier mot sur la grande feuille de papier, l'enseignant et les élèves disent lentement le mot en exagérant la prononciation. Puis, les élèves écrivent à tour de rôle les lettres du premier mot. L'enseignant désigne des élèves pour écrire soit une lettre, soit le mot entier, selon leurs connaissances en phonétique et en orthographe. Il peut demander aux élèves d'utiliser une couleur de marqueur pour écrire les lettres, et une autre couleur pour écrire les parties de mots dont les élèves ignorent l'orthographe; cela permet de faire un suivi des compétences en écriture. L'enseignant prévoit une affiche de l'alphabet en majuscules et en minuscules afin que les élèves puissent vérifier la forme d'une lettre, et ils utilisent du ruban-cache blanc pour les corrections.

Après l'ajout d'un nouveau mot, l'enseignant fait relire la phrase à partir du début. L'enseignant désigne alors un élève qui utilise sa main pour marquer les espaces entre les mots ou les phrases. Au besoin, il attire l'attention des élèves sur les majuscules, sur les signes de ponctuation et sur les autres conventions d'écriture. L'enseignant et les élèves suivent la même démarche pour écrire d'autres phrases et terminer le texte. Si l'enseignant utilise l'écriture interactive pour écrire un livre collectif (voir la page 76), l'activité peut durer plusieurs jours, voire plus d'une semaine.

6. *Afficher l'écriture interactive.* Une fois le travail d'écriture terminé, l'enseignant affiche le texte dans la classe. Il invite les élèves à le relire en lecture partagée (voir la page 72) ou individuelle. Les élèves peuvent également ajouter du visuel pour illustrer le texte.

Applications et exemples

La stratégie de l'écriture interactive convient dans les modules littéraires, dans les modules thématiques, ainsi qu'à d'autres fins. Voici quelques exemples :

- écrire des prédictions avant de lire;
- écrire des réponses après la lecture;
- écrire des lettres et d'autres messages;
- dresser des listes;
- écrire des articles;
- récrire une histoire connue;
- écrire des éléments d'information;
- écrire des recettes;
- remplir des tableaux S-V-A, des toiles d'idées, des grilles d'information et d'autres diagrammes (voir les pages 111, 116 et 46);
- innover ou créer de nouvelles versions d'un texte connu;
- écrire un poème de classe;
- écrire des mots sur un mur de mots;
- faire des affiches.

Quand les enfants commencent l'écriture interactive à la maternelle, ils écrivent les lettres qui représentent les premiers sons d'un mot de même que des mots comme *le, un* et *est*. Les premières lettres que les élèves écrivent sont souvent les lettres de leur nom, plus particulièrement la première lettre. Au fur et à mesure que les élèves découvrent la correspondance entre les sons et les lettres ainsi que l'orthographe, ils écrivent davantage.

Dès qu'ils écrivent les mots avec facilité, ils peuvent continuer d'utiliser l'écriture interactive dans le travail en équipes. Les élèves utilisent alors des marqueurs de couleurs différentes pour écrire, à tour de rôle, les lettres, les groupes de lettres et les mots. Ils apprennent à utiliser le ruban-cache blanc pour corriger les lettres mal formées et les mots mal orthographiés. Chaque élève utilise un marqueur de couleur pour signer son nom afin que l'enseignant sache quels mots l'élève a écrits. La figure 13.1 présente une copie en noir et blanc d'un travail d'écriture interactive sur les escargots. Les trois lettres et le mot encadrés représentent le ruban correcteur utilisé par les élèves.

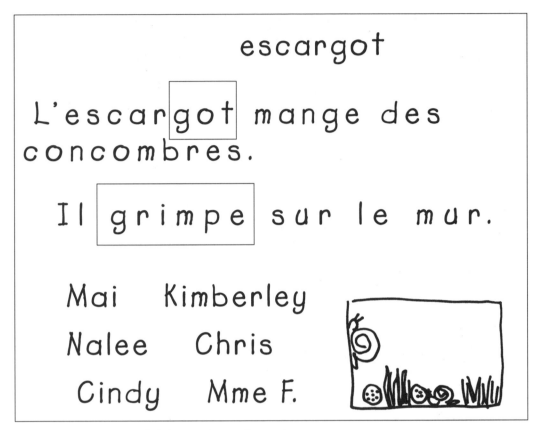

FIGURE 13.1   Un travail d'écriture interactive sur les escargots

Références

Button, K., Johnson, M. J., et Furgerson, P. (1996). « Interactive writing in a primary classroom », *The Reading Teacher*, n° 49, p. 446 à 454.

Fountas, I. C., et Pinnell, G. S. (1996). *Guided reading: Good first teaching for all children*, Portsmouth, Heinemann.

STRATÉGIE 14 Écriture minute – Dessin minute

- ⬤ modules littéraires
- ⬤ cercles de lecture
- ⬤ ateliers de lecture/d'écriture
- ⬤ modules thématiques

- ⬤ préscolaire
- ⬤ maternelle à 2ᵉ année
- ⬤ 3ᵉ année à 5ᵉ année
- ⬤ 6ᵉ année au 1ᵉʳ cycle du secondaire

- ⬤ individuel
- ◯ deux par deux
- ◯ équipes
- ◯ ensemble des élèves

Les élèves utilisent l'écriture minute pour commenter un texte littéraire et pour d'autres exercices d'écriture spontanée. Ils élaborent des idées, réfléchissent à ce qu'ils savent du sujet, griffonnent des mots sur une feuille et font des liens entre les idées (Tompkins, 2002). Le dessin minute est une variante de l'écriture minute. Les élèves dessinent au lieu d'écrire. Les plus jeunes y ont souvent recours et donnent un titre à leurs dessins. Certains élèves combinent écriture et dessin. La figure 14.1 présente le dessin et le texte qu'un élève de 1ʳᵉ année a faits au sujet d'une histoire traitant du mensonge.

FIGURE 14.1
L'écriture minute d'un élève de 1ʳᵉ année

L'écriture minute a été popularisée par Peter Elbow (1973) pour aider les élèves à se concentrer sur l'exploration et le développement des idées. Elbow mettait l'accent sur le contenu plutôt que sur la forme. Même en 2ᵉ ou en 3ᵉ année, les élèves savent que beaucoup d'enseignants accordent plus d'importance à l'orthographe et à la calligraphie qu'au contenu d'une composition. Selon Elbow, mettre l'accent seulement sur la forme « tue » l'écriture parce que cela ne permet pas aux élèves de faire entendre leur voix d'auteur.

Étape par étape

1. *Choisir un sujet.* Les élèves choisissent un sujet, puis ils écrivent ou dessinent pendant 5 à 10 minutes. Ils doivent se concentrer sur des idées intéressantes, faire des liens entre le sujet et leur propre vie, réfléchir sur leur lecture ou leur apprentissage.

2. *Présenter le texte ou le dessin.* Les élèves présentent leur texte ou leur dessin en équipes ou dans un cercle de lecture (voir la page 13), puis un élève de chaque équipe présente son texte ou son dessin à la classe. Cette présentation dure une dizaine de minutes. L'activité en entier peut se faire en une vingtaine de minutes.

3. *Continuer le processus.* Les élèves encerclent une idée clé ou un mot important dans leur texte, puis reprennent l'écriture minute. Ils peuvent aussi enrichir leur première production après avoir entendu le texte de leurs camarades ou après avoir appris autre chose sur le sujet.

Applications et exemples

Les élèves font de l'écriture minute – dessin minute pour différents objectifs dans les ateliers de lecture :

- pour faire une entrée dans leur journal de lecture (voir la page 61);
- pour définir ou expliquer un mot du mur de mots (voir la page 86);
- pour expliquer le thème de l'histoire;
- pour parler d'un personnage préféré;
- pour comparer les versions littéraire et cinématographique d'une histoire;
- pour parler de son livre favori d'un auteur donné;
- pour parler des caractéristiques d'un genre littéraire;
- pour présenter un projet.

Les élèves font aussi de l'écriture minute – dessin minute durant les modules thématiques. La figure 14.2 de la page suivante présente l'écriture minute d'une élève de 6e année durant un module sur l'Égypte ancienne. Pendant que les élèves comparaient l'Égypte ancienne et moderne, l'enseignant a fait un diagramme de Venn (voir la page 27) sur une feuille de papier quadrillé. Ensuite, chaque élève a fait son propre diagramme de Venn et s'en est servi pour l'écriture minute. Dans la figure 14.2, l'élève a commencé par écrire au sujet des vestiges de l'Égypte ancienne; après avoir énuméré les points communs entre l'Égypte ancienne et l'Égypte moderne, elle a fait ressortir les différences. L'objectif de cet exercice d'écriture minute est de consolider les apprentissages des élèves et non d'écrire un essai comparatif.

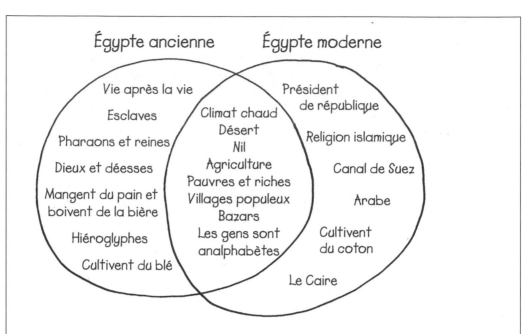

Égypte ancienne　　　**Égypte moderne**

Vie après la vie

Esclaves

Pharaons et reines

Dieux et déesses

Mangent du pain et
boivent de la bière

Hiéroglyphes

Cultivent du blé

Climat chaud
Désert
Nil
Agriculture
Pauvres et riches
Villages populeux
Bazars
Les gens sont
analphabètes

Président
de république

Religion islamique

Canal de Suez

Arabe

Cultivent
du coton

Le Caire

L'Égypte ancienne date de 5000 ans. Cela fait très longtemps, mais on peut encore voir aujourd'hui des vestiges du passé. Les pyramides sont encore dans le désert et le Nil est encore au cœur de la vie des Égyptiens. Le climat est le même, aussi. Beaucoup de gens vivent dans des villages populeux et font leurs courses dans les bazars. Il y a encore beaucoup, beaucoup de pauvres qui ne savent pas lire et écrire. Mais il y a de gros changements, aussi. Maintenant, il y a un président au lieu d'un pharaon, et les gens sont musulmans. Il n'y a plus d'esclaves, mais il y a encore des pauvres.

FIGURE 14.2　　Une comparaison de l'Égypte ancienne et de l'Égypte moderne par une élève de 6e année

Références

Elbow, P. (1973). *Writing without teachers*, London, Oxford University Press.

Tompkins, G. E. (2002). *Language arts: Content and teaching strategies* (5e éd.), Upper Saddle River, Merrill/Prentice Hall.

STRATÉGIE 15 Exposition

● modules littéraires ○ préscolaire ○ individuel

○ cercles de lecture ● maternelle à 2e année ○ deux par deux

● ateliers de lecture/d'écriture ● 3e année à 5e année ● équipes

● modules thématiques ● 6e année au 1er cycle du secondaire ● ensemble des élèves

Les élèves circulent dans la classe comme dans une galerie d'art pour consulter les travaux de leurs camarades et les commenter. Habituellement, les travaux sont exposés sur les murs de la classe, mais les élèves peuvent également les étaler sur leurs pupitres. Les élèves font des commentaires sur les œuvres ou posent des questions, par écrit, sur des notes autoadhésives qu'ils collent près des travaux, ou en dessinant ou en écrivant des commentaires sur des « feuilles de commentaires » placées près des travaux. En maternelle, par exemple, les élèves peuvent admirer les peintures de leurs camarades, tandis qu'en 2e année, ils peuvent visiter une exposition de photographies annotées. En 5e année, les élèves pourraient exposer les cartes de la Nouvelle-France ou leurs toiles d'idées sur un pays ou sur un animal. Au 1er cycle du secondaire, les élèves peuvent exposer des affiches présentant des expressions employées au sens propre et au figuré, ou des copies de lettres d'opinion qu'ils ont écrites et fait parvenir à la rédaction du journal local.

Les travaux exposés peuvent être achevés ou en cours de réalisation. S'ils sont terminés, l'activité devient une occasion de célébrer, comme l'activité de la chaise d'auteur (voir la page 15). Par exemple, des élèves de 1re année peuvent exposer sur leurs pupitres des livres qu'ils ont fabriqués durant un atelier d'écriture. Ils peuvent alors aller d'un pupitre à l'autre pour lire chaque livre et écrire un commentaire sur la couverture arrière. Si les travaux sont en cours de réalisation, l'activité peut fonctionner comme un groupe d'écriture où les élèves font des commentaires et des suggestions sur les travaux des autres. Par exemple, des élèves de 6e année pourraient afficher les ébauches de leurs poèmes pour que leurs camarades les lisent et indiquent leurs passages favoris.

La stratégie de l'exposition fournit un public immédiat aux élèves. L'activité prend moins de temps que si chaque élève présentait son travail à tour de rôle. En outre, sachant que leurs camarades verront leurs productions, les élèves sont souvent plus motivés que s'ils le remettaient seulement à l'enseignant. Par ailleurs, en plus de donner une rétroaction positive aux autres élèves, les élèves tirent de l'exposition des idées nouvelles pour leurs productions écrites.

Étape par étape

1. *Exposer les travaux.* Les élèves et l'enseignant exposent les travaux sur les murs de la classe ou sur les pupitres.

2. *Fournir des feuilles de commentaires.* L'enseignant donne aux élèves des notes autoadhésives pour qu'ils écrivent leurs commentaires ou il place des feuilles de commentaires à côté des travaux.

3. *Expliquer le fonctionnement de l'exposition.* L'enseignant explique l'objectif de l'exposition, la façon d'examiner les œuvres et le genre de commentaires qu'il faut faire. L'enseignant fixe également une limite de temps et indique aux élèves combien d'œuvres visiter si le temps manque.

4. *Montrer aux élèves comment examiner les œuvres et y réagir.* L'enseignant choisit un ou deux travaux d'élèves et modélise le comportement attendu durant l'activité.

5. *Diriger la circulation.* L'enseignant dirige les élèves pendant que ceux-ci circulent dans la classe, afin de s'assurer que toutes les œuvres sont vues, que chaque élève reçoit des commentaires et que les commentaires émis sont constructifs et utiles.

6. *Conclure l'exposition.* L'enseignant invite les élèves à retourner près de leurs propres travaux et à lire les commentaires, les questions et les réactions qu'ils ont suscités chez leurs camarades. Un ou deux élèves peuvent faire part de leurs commentaires sur l'exposition.

Applications et exemples

Une bonne façon de présenter la stratégie de l'exposition est d'afficher des photographies et de demander aux élèves de circuler dans la classe pour examiner les photographies, écrire leurs réflexions sur des notes autoadhésives, puis coller ces notes sous les photographies. Cette première expérience n'est pas menaçante pour les élèves, car il ne s'agit pas de leurs travaux; après cette activité, cependant, les élèves doivent commenter les travaux de leurs camarades, car la présence d'un public est le but de l'activité.

Quand les élèves auront appris à formuler des commentaires positifs et constructifs sur les travaux de leurs camarades, ils pourront également s'exercer à écrire des questions sur les ébauches de leurs camarades afin d'aider ces derniers à réviser leurs textes. Les élèves lisent les ébauches et écrivent ensuite des questions invitant leurs camarades à clarifier, à reformuler ou à approfondir une idée. Par exemple, après avoir lu l'ébauche d'un texte sur les volcans d'un élève de 4e année, des élèves ont écrit les questions suivantes :

- Que signifie le mot magma ?

- Y a-t-il des volcans au Canada ?

- Pourrais-tu ajouter premièrement, deuxièmement et troisièmement pour le déroulement ?

- Quel est le titre de ton texte ?

- Les montagnes et les volcans sont-ils la même chose ?

- Qu'est-ce qui déclenche le feu dans un volcan ?

- Y a-t-il des volcans en éruption de nos jours ?

De telles questions aident les élèves à réviser leur texte.

STRATÉGIE 16 Formation de mots

● modules littéraires ○ préscolaire ● individuel
○ cercles de lecture ● maternelle à 2ᵉ année ● deux par deux
○ ateliers de lecture/d'écriture ● 3ᵉ année à 5ᵉ année ● équipes
○ modules thématiques ○ 6ᵉ année au 1ᵉʳ cycle du secondaire ● ensemble des élèves

La formation de mots est une activité où les élèves disposent des cartes de lettres pour épeler des mots. Ce faisant, les élèves se familiarisent avec les notions de phonétique et d'orthographe (Cunningham et Cunningham, 1992 ; Gunning, 1995). L'enseignant choisit des mots clés dans les livres que les élèves lisent, mots qui font ressortir des particularités phonétiques ou d'orthographe. Ensuite, il prépare des cartes de lettres que les élèves utiliseront, en équipes ou individuellement, pour épeler les mots. L'enseignant guide les élèves pendant qu'ils font des mots à l'aide des lettres.

Étape par étape

1. *Fabriquer des cartes de lettres.* L'enseignant confectionne des cartes de lettres (cartes carrées de 2,5 cm à 5 cm de côté). Pour les lettres qui reviennent souvent (les voyelles, par exemple), il faut de trois à quatre fois plus de cartes que d'élèves dans la classe ; pour les lettres moins fréquentes, il faut de une à deux fois le nombre d'élèves. L'enseignant inscrit la lettre minuscule d'un côté de la carte et la lettre majuscule de l'autre côté. Il range séparément les cartes de chaque lettre dans de petites boîtes, des bacs en plastique ou des sacs en plastique. S'il le désire, l'enseignant peut fabriquer des cartes plus grandes (de 8 à 15 cm de côté) pour mettre dans un tableau à pochettes ou sur le rebord du tableau.

2. *Choisir un mot.* L'enseignant choisit un mot ou une particularité orthographique. Il demande à une ou à un élève de distribuer les cartes de lettres nécessaires aux élèves ou aux équipes.

3. *Nommer les cartes de lettres.* L'enseignant invite les élèves à nommer les cartes de lettres et à les disposer d'un côté de leur pupitre.

4. *Former des mots avec les cartes de lettres.* Les élèves utilisent les cartes de lettres pour épeler un ou plusieurs mots de deux, trois, quatre, cinq, six lettres ou plus, ou présentant une particularité orthographique. Par exemple, les élèves peuvent utiliser les cartes de lettres (*c, e, h, i, o, o, n, r, r, s*) pour faire les mots de trois lettres suivants : *ces, nos, roi, son.* Ensuite, ils font des mots de quatre lettres : *hier, noir, soir,* des mots de cinq lettres : *chien,* et ainsi de suite, jusqu'à ce qu'ils utilisent toutes les lettres pour faire le mot *rhinocéros.* Ou encore, à l'aide d'une série de cartes différentes, les élèves pourraient épeler le bloc *on,* puis ajouter une lettre pour faire les mots *bon, mon, son, ton,* ou tout autre mot qui se termine par *on.* Les élèves peuvent faire les mots *rond* ou *long,* puis ajouter des lettres pour former les mots *ronde* ou *longue* afin de s'exercer à épeler les voyelles allongées. L'enseignant vérifie l'orthographe des élèves et les encourage à corriger les mots mal épelés. Pendant le travail, un élève ou l'enseignant peut épeler le même mot en plaçant des cartes de lettres sur le rebord du tableau, ou l'écrire sur une grande feuille de papier ou au tableau.

5. *Présenter les cartes de mots.* L'enseignant présente des cartes de mots qui montrent des mots que les élèves ont épelés. Il demande aux élèves de lire les mots, puis de les placer dans une pochette ou sur le rebord du tableau. L'enseignant fait ressortir les structures de mots particulières, puis regroupe les cartes de mots en fonction de ces structures.

Applications et exemples

Pour la stratégie Formation de mots, l'enseignant choisit des mots dans les livres qu'il est en train de lire avec les élèves. L'enseignant d'un niveau plus élevé sélectionne également des mots et des phrases dans des mini-romans.

L'enseignant peut utiliser cette stratégie pour présenter un nouveau livre. Par exemple, il peut distribuer aux élèves les lettres d'un mot du titre, puis leur demander de former tous les mots de deux lettres qu'ils peuvent trouver. Il passe ensuite aux mots de trois lettres, de quatre lettres, et ainsi de suite, jusqu'à ce que les élèves trouvent le mot recherché, soit le mot tiré du titre du livre.

Après ce genre d'activité, l'enseignant peut placer les cartes de lettres dans un centre de littératie (voir la page 9) où les élèves s'exercent à former des mots avec les lettres du mot en question.

Références

Cunningham, P. M., et Cunningham, J. W. (1992). «Making words: Enhancing the invented spelling-decoding connection», *The Reading Teacher*, nº 46, p. 106 à 115.

Gunning, T. G. (1995). «Word building: A strategic approach to the teaching of phonics», *The Reading Teacher*, nº 48, p. 484 à 488.

STRATÉGIE 17 Graphique de l'intrigue

- ● modules littéraires
- ● cercles de lecture
- ○ ateliers de lecture/d'écriture
- ○ modules thématiques

- ○ préscolaire
- ○ maternelle à 2ᵉ année
- ● 3ᵉ année à 5ᵉ année
- ● 6ᵉ année au 1ᵉʳ cycle du secondaire

- ○ individuel
- ● deux par deux
- ● équipes
- ● ensemble des élèves

Un graphique de l'intrigue permet aux élèves de décortiquer l'histoire d'un roman ou d'un mini-roman. Après avoir lu un chapitre, les élèves représentent les moments forts de l'histoire et les niveaux d'intensité des événements et des émotions dans un diagramme (Johnson et Louis, 1987). La figure 17.1 présente un exemple de graphique de l'intrigue. Les élèves travaillent en équipes pour discuter de chaque chapitre; au terme de ces discussions, ils déterminent ensemble le tracé du graphique. À la fin de l'histoire, les élèves analysent le graphique et trouvent une explication pour les baisses de tension.

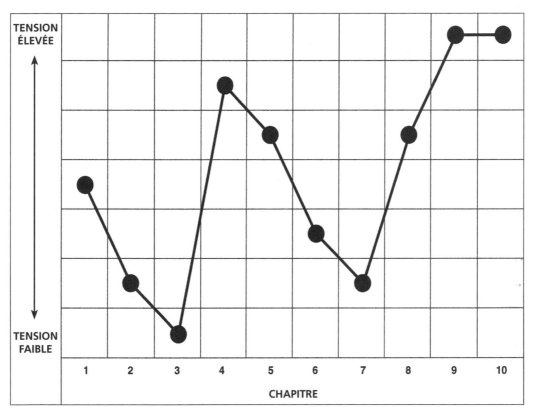

FIGURE 17.1   Un graphique de l'intrigue

Les enseignants utilisent souvent ces graphiques pour montrer comment se développe une intrigue (Tompkins, 2002). Les élèves apprennent que l'intrigue se compose d'une série d'événements qui placent les personnages dans des situations de conflit, et qu'elle est basée sur les objectifs d'un ou de plusieurs personnages ainsi que sur les moyens d'atteindre ces objectifs. Pendant qu'ils lisent l'histoire et font le graphique de l'intrigue chapitre par chapitre, les élèves discutent du déroulement de l'histoire et des situations de conflit. Ils apprennent que ces situations de conflit relèvent de tensions entre les éléments de l'histoire, et qu'elles incitent à poursuivre la lecture. Les élèves se rappellent des conflits dans les histoires qu'ils ont déjà lues : conflit entre un personnage et son environnement, entre un personnage et la société, entre les différents personnages, ou conflit intérieur (Lukens, 1995).

Le graphique de l'intrigue aide également les élèves à comprendre des histoires complexes. En demandant aux élèves de réfléchir sur le conflit et le moment fort d'une histoire, l'enseignant attire leur attention sur la structure de base de l'histoire. Les élèves lisent chaque chapitre avec un objectif en tête : comprendre le conflit ou le moment fort de l'histoire. Pendant la discussion, les élèves posent des questions et font des commentaires. Leurs camarades de classe clarifient les idées fausses et font à leur tour des commentaires, ce qui permet à tous de mieux comprendre le texte. Le graphique de l'intrigue offre une représentation visuelle utile pour bien saisir l'histoire.

Étape par étape

1. *Préparer un graphique de l'intrigue.* L'enseignant trace un grand plan cartésien sur une grande feuille de papier. Il inclut un intervalle par chapitre sur l'axe horizontal et cinq à sept intervalles pour l'échelle de tension sur l'axe vertical. Il affiche le diagramme en classe et distribue des copies plus petites à chaque élève.

2. *Modéliser la construction du graphique.* L'enseignant et les élèves lisent le premier chapitre du livre et en discutent. La discussion devrait porter sur le déroulement de l'intrigue et le moment fort du chapitre. Les élèves peuvent commencer la discussion en petits groupes, puis la terminer tous ensemble. L'enseignant décrit ensuite le graphique de l'intrigue aux élèves et leur explique qu'ils vont en construire un. Ensemble, les élèves déterminent l'intensité du moment fort dans le premier chapitre, puis ils discutent de la façon de le représenter. Un élève trace le point dans le graphique de classe pendant que les autres font de même dans leur propre plan cartésien.

3. *Dire aux élèves de terminer le graphique.* Les élèves continuent à lire, à discuter et à tracer le moment fort de chaque chapitre dans le graphique de l'intrigue. Il peut s'agir d'un diagramme à ligne brisée ou d'un diagramme à bandes.

4. *Faire un retour.* Une fois la lecture et le graphique de l'intrigue terminés, les élèves font un cercle de lecture (voir la page 13) pour discuter des moyens utilisés par l'auteur pour développer l'intrigue de son histoire. L'enseignant encourage les élèves à réfléchir sur les effets du conflit et des moments forts de l'histoire sur les personnages. Les élèves écrivent une réflexion sur le développement d'une intrigue dans leur journal d'apprentissage (voir la page 57), ou ils rédigent un texte explicatif pour accompagner leur graphique de l'intrigue.

Applications et exemples

Les graphiques de l'intrigue conviennent aux livres divisés en chapitres et non aux livres d'images, plus courts, qui n'en contiennent généralement pas. Les livres où les personnages principaux luttent pour surmonter l'adversité, ou les livres où les conflits abondent, sont appropriés.

Références

Johnson, T. D., et Louis, D. R. (1987). *Literacy through literature*, Portsmouth, Heinemann.

Lukens, R. J. (1995). *A critical handbook of children's literature* (5e éd.), New York, Harper Collins.

Tompkins, G. E. (2002). *Language arts: Content and teaching strategies* (5e éd.), Upper Saddle River, Merrill/Prentice Hall.

STRATÉGIE 18 Grille d'information

- ● modules littéraires
- ○ cercles de lecture
- ○ ateliers de lecture/d'écriture
- ● modules thématiques

- ○ précolaire
- ● maternelle à 2e année
- ● 3e année à 5e année
- ● 6e année au 1er cycle du secondaire

- ● individuel
- ● deux par deux
- ● équipes
- ● ensemble des élèves

Une grille d'information est un tableau dans lequel les élèves classent des données sur un sujet (McKenzie, 1979). Dans les modules littéraires, les grilles d'information peuvent servir à noter des données sur l'œuvre d'un auteur en particulier ou sur différentes versions de contes, comme celui de *Cendrillon*. Dans les modules thématiques, les grilles d'information sont utiles pour noter des données sur des sujets tels que le système solaire et les Premières nations. En outre, les élèves peuvent utiliser une grille d'information comme activité de préécriture pour prendre des notes et classer les éléments d'information.

Étape par étape

1. *Concevoir la grille d'information.* L'enseignant ou les élèves choisissent un sujet et discutent des caractéristiques de ce sujet. Ces renseignements seront utiles pour construire la grille (étape 2). Ils préparent une grille vierge sur une grande feuille de papier en tenant compte du nombre de colonnes et de rangées dont ils auront besoin.

2. *Construire la grille.* L'enseignant ou les élèves écrivent une caractéristique par case dans la rangée du haut; il note ensuite les sujets à traiter dans la colonne de gauche.

3. *Remplir la grille.* Les élèves ajoutent des données dans la grille; ils placent des mots, des images, des phrases ou des paragraphes dans les cases appropriées.

Applications et exemples

Les grilles d'information conviennent aux modules littéraires comme aux modules thématiques. Souvent, les élèves commencent la grille d'information au début du module et la remplissent au fur et à mesure qu'ils lisent la documentation et se renseignent sur le sujet. La figure 18.1 montre une grille d'information remplie par une classe de 5e année dans un module sur les baleines. Des équipes d'élèves ont inscrit dans une grande grille collective des éléments d'information sur les baleines. À partir de cette grille collective, chaque élève a rempli une grille individuelle dans son journal.

Les élèves peuvent aussi construire une grille pour l'ensemble du groupe ou pour une équipe et s'en servir comme outil de révision à la fin du module. La grille peut aussi constituer un projet de fin de module. L'enseignant peut aussi tracer une grille sur un tableau d'affichage, puis former des équipes d'élèves qui traiteront d'un thème en particulier. Les élèves écrivent leurs données sur des feuilles de papier et les mettent en commun de façon à remplir la rangée correspondant à leur exemple.

Genre	Caractéristiques physiques	Alimentation	Dents et fanons	Habitat
Rorqual bleu	Le plus gros animal 30 mètres Bleu Diatomées : plantes jaunes sur le ventre	Krill	F	Tous les océans Animal très rare
Narval	3 à 4 mètres Gris sur le dessus Blanc sur le ventre Taches foncées un peu partout	Poisson	D	Océan Arctique
Rorqual à bosse	15 mètres Longues nageoires pectorales Noir sur le dessus Blanc sur le ventre Verrues Pas de bosse!	Krill et poissons	F	Tous les océans

Baleines

FIGURE 18.1 La grille d'information sur les baleines d'une classe de 5ᵉ année

Référence

McKenzie, G. R. (1979). « Data charts: A crutch for helping pupils organize reports », *Language Arts*, nᵒ 56, p. 784 à 788.

STRATÉGIE 19 Grille d'introduction

● modules littéraires   ○ préscolaire   ● individuel

● cercles de lecture   ○ maternelle à 2e année   ● deux par deux

○ ateliers de lecture/d'écriture   ● 3e année à 5e année   ● équipes

● modules thématiques   ● 6e année au 1er cycle du secondaire   ● ensemble des élèves

---

Les grilles d'introduction (Head et Readence, 1986) sont utilisés avant la lecture de manuels scolaires et de textes informatifs pour aider les élèves à faire appel à leurs connaissances antérieures. L'enseignant dresse une liste d'affirmations correspondant au sujet à l'étude qui serviront à amorcer une discussion avant la lecture. Il faut prévoir des affirmations vraies et d'autres erronées, faisant ressortir certaines fausses croyances. Les élèves discutent de chaque affirmation et indiquent s'ils sont en accord ou en désaccord. Cette activité vise à stimuler l'intérêt des élèves pour le sujet traité et à leur permettre de se remémorer leurs connaissances antérieures. Par exemple, une grille d'introduction préparée pour aborder un texte sur l'immigration pourrait comprendre les affirmations suivantes :

Les réfugiés sont des gens qui ont dû fuir leur pays natal en raison d'une guerre ou d'un désastre.

Beaucoup d'immigrants ont de la difficulté à s'habituer à la vie en Amérique du Nord.

Étape par étape

1. *Trouver des notions en lien avec la lecture à faire ou avec le module.* L'enseignant doit tenir compte de ce que les élèves savent déjà sur le sujet et des fausses croyances qu'ils pourraient entretenir.

2. *Rédiger quatre à six affirmations.* L'enseignant rédige des affirmations d'ordre suffisamment général pour stimuler la discussion, mais qui peuvent servir à corriger les idées fausses. Il fait reproduire sa liste pour tous les élèves. Il faut prévoir un espace où les élèves indiquent s'ils sont en accord ou en désaccord avec chaque affirmation avant la lecture, puis après.

3. *Discuter de la grille d'introduction.* L'enseignant présente la grille d'introduction et demande aux élèves de prendre position face aux affirmations. Les élèves travaillent en équipes, deux par deux ou individuellement. Ils réfléchissent aux affirmations et indiquent s'ils sont en accord ou non avec chacune. Ensuite, les élèves discutent ensemble de leurs opinions sur chaque affirmation et défendent leurs points de vue.

4. *Lire le texte.* Les élèves lisent le texte et comparent leurs réponses aux affirmations avec l'information qu'il contient.

5. *Rediscuter de chaque affirmation.* Les élèves citent le passage du texte qui confirme ou réfute l'énoncé. Ou encore, les élèves réagissent de nouveau aux énoncés et comparent leurs réponses avant et après la lecture du texte. Il faut inviter les élèves à plier le côté gauche de la feuille pour masquer leur première série de réactions avant de réagir de nouveau à chaque affirmation, dans la colonne de droite cette fois (voir le tableau 19.1).

Applications et exemples

Même si les grilles d'introduction servent souvent à rappeler les connaissances antérieures avant de lire un texte informatif ou un manuel scolaire, ils peuvent également préparer les élèves à la lecture de romans qui abordent des questions complexes comme l'itinérance, la démocratie par opposition au totalitarisme, le crime et la répression du crime, l'immigration. Par exemple, une classe du 1er cycle du secondaire a discuté du phénomène des gangs de rue en guise de préparation à la lecture d'un roman, et a rempli la grille d'introduction du tableau 19.1, avant et après la lecture du roman. Les affirmations sur les gangs de rue de la grille d'introduction portent sur des points importants et suscitent des discussions animées et des réactions nuancées.

Avant la lecture		GANGS DE RUE	Après la lecture	
En accord	En désaccord		En accord	En désaccord
		1. Les gangs de rue sont nuisibles.		
		2. Les gangs de rue sont excitants.		
		3. Il n'y a aucun danger à être membre d'un gang de rue.		
		4. Les gangs de rue transforment la vie de leurs membres.		
		5. Les gangs de rue répondent à un besoin.		
		6. Une fois qu'on entre dans un gang de rue, il est très difficile d'en sortir.		

TABLEAU 19.1   Une grille d'introduction sur le thème « Les gangs de rue »

Référence

Head, M. H., et Readence, J. E. (1986). « Anticipation guides: Meaning through prediction », dans E. K. Dishner, T. W. Bean, J. E. Readence, et D. W. Moore (édit.), *Reading in the content areas* (2e éd.), Dubuque, Kendall/Hunt, p. 229 à 234.

STRATÉGIE 20 Groupe d'écriture

- ● modules littéraires
- ○ cercles de lecture
- ● ateliers de lecture/d'écriture
- ● modules thématiques

- ○ préscolaire
- ● maternelle à 2e année
- ● 3e année à 5e année
- ● 6e année au 1er cycle du secondaire

- ○ individuel
- ○ deux par deux
- ● équipes
- ○ ensemble des élèves

Dans un travail d'écriture, à l'étape de la correction, les élèves forment des groupes d'écriture pour se montrer leurs ébauches et se donner de la rétroaction (Tompkins, 2004). La correction est probablement l'étape la plus difficile du processus d'écriture, car les élèves ont parfois de la difficulté à évaluer leurs textes avec objectivité afin d'apporter les changements nécessaires à une meilleure communication. Dans les groupes d'écriture, les élèves apprennent à travailler en équipes et à faire des commentaires constructifs à leurs camarades de classe.

Étape par étape

1. *Lire les ébauches à haute voix.* À tour de rôle, les élèves lisent leur ébauche à haute voix aux autres membres du groupe. Tous écoutent avec attention et pensent aux compliments et aux commentaires qu'ils feront après la lecture. L'élève qui lit est la seule personne qui voit le texte écrit. Cela permet aux autres élèves ou à l'enseignant de porter attention au contenu et non aux fautes d'orthographe.

2. *Faire des commentaires constructifs.* Après la lecture d'une ébauche, les membres du groupe d'écriture indiquent à l'élève ce qu'ils ont aimé. Ces commentaires positifs doivent être précis et faire ressortir les forces du texte. Il faut éviter les commentaires banals du genre « J'ai aimé ça » ou « C'était bien », car même s'ils sont positifs, ils ne favorisent pas une rétroaction efficace. Voici des éléments à évaluer :

- introduction
- dialogue
- conclusion
- description
- innovations

- choix des mots
- phrases en or
- description des personnages
- point de vue
- opposés littéraires

- voix
- rythme
- enchaînement
- retours en arrière
- allitérations

Au début de la correction, l'enseignant devrait donner des exemples de commentaires appropriés, car les élèves ignorent parfois comment formuler des commentaires précis et pertinents. L'enseignant peut diriger une séance de remue-méninges pour dresser une liste de commentaires appropriés et l'afficher dans la classe. Voici une liste de commentaires possibles :

- J'ai aimé cette partie parce que…
- J'aimerais en apprendre davantage sur…
- J'aime comment tu décris…
- Ton texte m'a fait penser à…
- J'aime comment tu organises ton texte parce que…

3. *Poser des questions.* Après un premier tour de table, les élèves demandent de l'aide pour les passages problématiques qu'ils ont repérés pendant la lecture de leur texte, ou posent des questions plus générales sur l'efficacité de leur travail, par exemple. Comprendre la nécessité de recevoir l'aide de ses camarades de classe est une étape importante dans l'apprentissage du travail de correction. Voici des exemples de questions :

   • Y a-t-il autre chose que vous auriez aimé apprendre?

   • Y a-t-il une partie que je devrais enlever?

   • Quels détails devrais-je ajouter?

   • Selon vous, quelle est la meilleure partie de mon texte?

   • Y a-t-il des mots que je devrais remplacer?

4. *Suggérer des corrections.* Les membres du groupe d'écriture posent des questions pour mieux comprendre le texte puis suggèrent des corrections. Toutefois, les auteurs en général ont du mal à accepter les critiques constructives, et il est particulièrement difficile pour un élève de niveau primaire d'apprécier à leur juste valeur ces suggestions. Il est donc primordial de donner aux élèves des exemples de commentaires et de suggestions acceptables pour qu'ils expriment leurs idées de manière positive, ou non négative. Voici des exemples de commentaires et de suggestions :

   • J'ai eu de la difficulté à comprendre le passage où…

   • Il faudrait peut-être une conclusion…

   • J'aimerais en savoir davantage sur…

   • Tes paragraphes sont-ils dans le bon ordre?

   • Tu pourrais peut-être combiner certaines phrases…

5. *Répéter le processus.* Les membres du groupe d'écriture font les quatre premières étapes pour chaque ébauche. L'enseignant peut également ajouter ses commentaires.

6. *Faire un plan de correction.* À la fin de la rencontre, chaque élève s'engage à corriger son texte en fonction des commentaires reçus. Bien sûr, la décision finale quant aux corrections à apporter revient à l'auteur, mais s'ils comprennent que leur ébauche n'est pas parfaite, les élèves comprennent aussi qu'ils devront faire certaines corrections. Les élèves qui présentent oralement les corrections qu'ils vont apporter ont davantage tendance à les mettre en œuvre. Certains élèves prennent même des notes pour planifier leurs corrections. Chaque élève retourne à sa place et corrige son texte.

Applications et exemples

Le groupe d'écriture peut rester le même tout au long de l'année scolaire. Il arrive que des élèves forment spontanément un groupe lorsqu'ils se sentent prêts à recevoir des commentaires sur leur travail. Par exemple, pour la rédaction d'un compte rendu après la lecture d'un livre d'un module littéraire ou d'un rapport sur les plantes ou les animaux désertiques au cours d'un module thématique sur le désert, beaucoup d'élèves seront prêts à se réunir à peu près au même moment et peuvent alors former les groupes établis à l'avance. Par ailleurs, pendant les ateliers d'écriture où les élèves travaillent davantage à leur propre rythme, le besoin de se regrouper peut survenir à des moments différents selon les élèves. Beaucoup d'enseignants suggèrent alors aux élèves d'écrire leur nom au tableau ; de cette façon, dès que trois ou quatre élèves sont prêts, ils peuvent former un groupe. Les groupes spontanés sont aussi efficaces que les groupes établis d'avance. Ce qui importe, c'est que les élèves obtiennent une rétroaction au moment où ils en ont besoin.

Référence

Tompkins, G. E. (2004). *Teaching writing: Balancing process and product* (4ᵉ éd.), Upper Saddle River, Merrill/Prentice Hall.

STRATÉGIE 21 Heure du thé

- ● modules littéraires
- ○ cercles de lecture
- ○ ateliers de lecture/d'écriture
- ● modules thématiques

- ○ préscolaire
- ● maternelle à 2e année
- ● 3e année à 5e année
- ● 6e année au 1er cycle du secondaire

- ○ individuel
- ○ deux par deux
- ○ équipes
- ● ensemble des élèves

L'heure du thé est l'occasion pour les élèves, accompagnés de leur enseignant, de lire ou de relire des extraits d'une histoire, d'un livre informatif ou d'un manuel scolaire. Parfois, l'enseignant demande aux élèves de relire leurs extraits préférés d'un livre très apprécié ou présente un nouveau chapitre d'un manuel scolaire. L'enseignant fait plusieurs copies d'extraits choisis, les colle sur du carton et les plastifie. Ensuite, les élèves circulent dans la classe pour se lire les extraits plastifiés les uns aux autres et discuter des extraits qu'ils ont lus.

L'heure du thé est une stratégie similaire à la lecture à tour de rôle (voir la page 65) du fait que les élèves lisent des extraits de livres et d'autres textes. Toutefois, ces deux stratégies de littératie visent souvent des objectifs pédagogiques différents : dans le cas de l'heure du thé, l'enseignant choisit habituellement des extraits qui permettent de présenter ou de revoir des concepts importants, de faire le résumé d'une histoire ou de mettre en relief un élément de l'intrigue ; dans la lecture à tour de rôle, ce sont les élèves qui choisissent les extraits qui les intéressent particulièrement. De plus, avec l'heure du thé, les élèves sont plus actifs, car ils se déplacent dans la classe et socialisent avec leurs camarades, tandis qu'avec la lecture à tour de rôle, les élèves restent assis et travaillent tous ensemble.

Étape par étape

1. *Plastifier des extraits.* L'enseignant plastifie des extraits d'une histoire, d'un livre informatif ou d'un manuel scolaire que les élèves sont en train de lire. Pour les élèves plus jeunes, il utilise des phrases sur des bandes de papier ou des scénarimages (voir la page 104).

2. *Lire les extraits.* Les élèves lisent plusieurs fois les extraits jusqu'à ce qu'ils les lisent avec aisance.

3. *Présenter les extraits.* Les élèves circulent dans la classe et lisent leurs extraits à d'autres élèves. Deux par deux, ils lisent leurs extraits à tour de rôle. Un élève lit son extrait, puis les deux élèves en discutent ; l'autre élève lit ensuite son extrait et les deux le commentent. Les élèves se séparent et refont l'exercice avec un autre camarade.

4. *Présenter les extraits à la classe.* Au bout de 10 à 15 minutes, les élèves retournent à leur place. L'enseignant invite quelques volontaires à lire leurs extraits au reste de la classe ou à dire ce qu'ils ont appris pendant l'heure du thé.

Applications et exemples

L'heure du thé est un bon moyen de souligner la fin d'un module littéraire ou thématique. Les élèves peuvent choisir les extraits à lire, et cette activité permet de consolider les idées principales enseignées pendant le module. L'enseignant utilise également l'heure du thé pour présenter un module thématique. Il choisit alors des extraits de livres informatifs ou de manuels scolaires qui présentent les idées maîtresses ou le vocabulaire clé qui seront abordés pendant le module. La figure 21.1 présente six extraits choisis par une enseignante du 1er cycle du secondaire pour présenter un module sur l'écologie. L'enseignante a trouvé des phrases et des paragraphes dans les livres informatifs ou les chapitres de manuels que les élèves allaient lire, puis a ajouté des phrases qu'elle a rédigées elle-même. Elle a souligné un ou deux mots dans chaque extrait pour attirer l'attention des élèves sur certains mots clés. Après avoir lu ces extraits et en avoir discuté, les élèves ont commencé un mur de mots (voir la page 86) à partir des mots clés. Ces deux activités ont enrichi les connaissances des élèves sur l'écologie et permis l'acquisition de nouveaux concepts.

Recycler signifie réutiliser des matériaux pour faire de nouvelles choses au lieu de les jeter.

Les pluies acides sont des gaz dangereux que les usines et les voitures émettent dans l'atmosphère. Ces gaz se mélangent à la pluie pour retomber sur Terre. Elles sont dangereuses pour l'environnement, pour les humains et pour les animaux.

FIGURE 21.1
Des extraits sur l'écologie pour l'heure du thé

Les bouteilles, les ustensiles et les sacs en plastique sont indestructibles ! Un des inconvénients du plastique est qu'il n'est pas biodégradable. Au lieu de remplir les décharges, il faudrait recycler le plastique.

Beaucoup de villes subissent une pollution atmosphérique appelée *smog*. Cette pollution est si néfaste que le ciel perd sa couleur bleue pour prendre une apparence brunâtre.

La couche d'ozone qui entoure la Terre nous protège des rayons nocifs du Soleil. Cette couche est détruite par des gaz appelés chlorofluorocarbures ou CFC. Ces gaz sont utilisés dans les climatiseurs d'air, les extincteurs de fumée et le styromousse.

Les Américains ont coupé 850 millions d'arbres l'an dernier pour faire du papier. C'est beaucoup d'arbres. Par exemple : un arbre produit environ 700 sacs d'épicerie en papier, soit le nombre utilisé en une heure par les supermarchés.

STRATÉGIE 22 Journal à deux colonnes

- ● modules littéraires
- ● cercles de lecture
- ● ateliers de lecture/d'écriture
- ● modules thématiques

- ○ préscolaire
- ● maternelle à 2e année
- ● 3e année à 5e année
- ● 6e année au 1er cycle du secondaire

- ● individuel
- ○ deux par deux
- ○ équipes
- ○ ensemble des élèves

Le journal à deux colonnes est une sorte de journal de lecture (voir la page 61). Dans la colonne de gauche, les élèves écrivent des extraits de l'histoire ou du texte informatif qu'ils lisent. Dans la colonne de droite, ils écrivent ce qu'ils pensent de l'extrait. Ils peuvent faire un lien entre un extrait et leur propre vie, formuler un commentaire, rédiger une question ou faire tout autre type d'association (Barone, 1990 ; Berthoff, 1981). Le tableau 22.1 présente des extraits du journal à deux colonnes d'un élève de 5e année au sujet du livre *Le lion, la sorcière blanche et l'armoire magique* (Lewis, 2001).

Extraits	Réflexions
Chapitre 1 Je te dis que c'est le type de maison où tout le monde se fiche de ce que nous faisons.	Je me rappelle la fois où je suis allé à Bouctouche, au Nouveau-Brunswick, pour rester avec ma tante. La maison de ma tante était très grande. Elle avait un piano et nous laissait jouer. Elle nous disait que nous pouvions faire ce que nous voulions.
Chapitre 5 « Comment sais-tu, demanda-t-il, si l'histoire de ta sœur est vraie ? »	Ça me rappelle quand j'étais petit et que j'avais une cachette imaginaire. J'y allais en esprit. Dans cette cachette, je m'inventais toutes sortes d'histoires. Une fois, j'ai parlé à mon frère de ma cachette imaginaire. Il s'est moqué de moi et m'a dit que c'était idiot. Mais ça ne m'a pas dérangé, car personne ne peut m'empêcher d'aller où je veux.
Chapitre 15 Ils pouvaient encore apercevoir la silhouette du lion mort.	Quand Aslan meurt, ça m'a fait penser à la mort de mon oncle Carl. Ça me rappelle l'histoire où il y a un lion qui décide de ne pas manger la souris, et la souris aide ensuite le lion.

TABLEAU 22.1 Une partie du journal à deux colonnes d'un élève de 5e année au sujet du livre *Le lion, la sorcière blanche et l'armoire magique*

Étape par étape

1. *Préparer les pages du journal.* Les élèves divisent les pages de leur journal de lecture en deux colonnes. Ils peuvent intituler la colonne de gauche « Extraits » et la colonne de droite « Commentaires » ou « Réflexions ».

2. *Écrire des extraits dans le journal.* Pendant la lecture ou immédiatement après, les élèves copient un ou plusieurs extraits importants ou intéressants dans la colonne de gauche de leur journal de lecture.

3. *Réfléchir aux extraits choisis.* Les élèves relisent chaque extrait et écrivent dans la colonne de droite pourquoi ils ont choisi ce passage ou ce qu'il signifie pour eux. Cette étape est parfois plus facile si les élèves discutent d'abord avec un camarade de classe ou en groupe.

Applications et exemples

Les journaux à deux colonnes ont plusieurs autres utilisations. Par exemple, au lieu des extraits de l'histoire, les élèves peuvent écrire des « Notes de lecture » dans la colonne de gauche et leurs « Réactions » dans la colonne de droite. Dans la colonne de gauche, ils parlent de ce qu'ils ont lu dans le chapitre, tandis qu'ils réservent la colonne de droite aux liens personnels.

Les élèves peuvent aussi donner le titre « Notes de lecture » à une colonne et « Notes de discussion » à l'autre colonne. Les élèves rédigent des notes de lecture pendant leur lecture ou immédiatement après. Par la suite, une fois qu'ils ont discuté de l'histoire ou d'un chapitre de l'histoire (dans le cas d'un long livre), ils inscrivent leurs notes de discussion. Comme pour les autres types de journaux à deux colonnes, c'est dans la deuxième colonne que les élèves inscrivent leurs commentaires les plus personnels.

Pour les élèves plus jeunes, le journal à deux colonnes peut servir de journal de prédictions (Macon, Bewell et Vogt, 1991). Ils peuvent intituler la colonne de gauche « Prédictions » et la colonne de droite, « Ce qui arrive dans l'histoire ». Dans la colonne de gauche, ils écrivent ou dessinent ce qui, selon eux, va arriver dans l'histoire ou le chapitre. Après la lecture, ils dessinent ou écrivent dans la colonne de droite ce qui se passe réellement dans l'histoire.

Références

Barone, D. (1990). « The written responses of young children: Beyond comprehension to story understanding », *The New Advocate*, vol. 3, p. 49 à 56.

Berthoff, A. E. (1981). *The making of meaning*, Montclair, Boynton/Cook.

Lewis, C. S. (2001). *Le lion, la sorcière blanche et l'armoire magique*, Gallimard-Jeunesse.

Macon, J. M., Bewell, D., et Vogt, M. E. (1991). *Responses to litterature: Grades K-8*, Newark, International Reading Association.

STRATÉGIE 23 Journal d'apprentissage

○ modules littéraires	○ préscolaire	● individuel
○ cercles de lecture	● maternelle à 2ᵉ année	○ deux par deux
○ ateliers de lecture/d'écriture	● 3ᵉ année à 5ᵉ année	○ équipes
● modules thématiques	● 6ᵉ année au 1ᵉʳ cycle du secondaire	○ ensemble des élèves

Les élèves écrivent dans un journal d'apprentissage dans les modules thématiques inter-disciplinaires. Comme les autres types de journaux, le journal d'apprentissage est un cahier ou un livret dans lesquels les élèves notent des choses qu'ils apprennent, écrivent des questions et des réflexions sur leur apprentissage et construisent des tableaux, des diagrammes et des toiles d'idées (voir la page 116) (Bromley, 1993 ; Tompkins, 2004). Un des grands avantages du journal d'apprentissage est que les élèves peuvent l'utiliser comme outil d'apprentissage.

Étape par étape

1. *Fabriquer le journal d'apprentissage.* Au début du module thématique, les élèves fabriquent leur journal d'apprentissage avec du papier ligné ou non, du carton, du papier de bricolage laminé ou du papier peint.

2. *Planifier comment les élèves vont utiliser le journal d'apprentissage.* Par exemple, ils vont prendre des notes, construire des diagrammes, faire de l'écriture minute (voir la page 36) ou remplir des toiles d'idées. Les élèves écrivent librement dans leur journal. L'écriture comme outil d'apprentissage prend plus d'importance que la forme. Néanmoins, il convient d'encourager les élèves à travailler proprement et à écrire sans fautes d'orthographe les mots du mur de mots (voir la page 86).

3. *Examiner les notes des élèves.* L'enseignant lit le journal d'apprentissage des élèves puis répond à leurs questions et clarifie les incompréhensions.

Applications et exemples

Les élèves utilisent le journal d'apprentissage pour prendre des notes et réagir à leurs apprentissages pendant la lecture de textes informatifs et de manuels scolaires. Ils consignent également dans ce journal des grilles d'information (voir la page 46), des toiles d'idées, des plans, des cartes, des lignes de temps et d'autres diagrammes. Par exemple, pendant le module thématique sur les pionniers, les élèves utilisent leur journal d'apprentissage pour :

- écrire des questions de recherches ;
- dessiner des chariots bâchés ;
- dresser la liste des objets apportés par les pionniers dans l'Ouest ;
- tracer la trajectoire du chemin de fer pancanadien ;
- faire des toiles d'idées à partir de l'information présentée dans les livres ;
- écrire des textes à propos des bandes vidéo sur les pionniers ;
- écrire un poème sur les conditions de vie des premiers colons à partir s'établir dans les provinces de l'Ouest ;

- écrire une lettre à l'enseignant sur les cinq choses les plus importantes qu'ils ont apprises au cours du module.

Pendant un module sur les roches et les minéraux, des élèves du 1ᵉʳ cycle du secondaire ont fait des toiles d'idées à mesure qu'ils lisaient le chapitre dans leur manuel de sciences, ont dressé des rapports d'expériences, ont fait de l'écriture minute après le visionnement de bandes vidéo, puis ont conçu des diagrammes et des tableaux présentant de l'information scientifique.

La figure 23.1 montre deux entrées faites par les élèves. Dans l'entrée de gauche, un élève explique à l'aide d'illustrations la formation des roches sédimentaires; dans l'entrée de droite, une élève classifie les quatre types de roches sédimentaires.

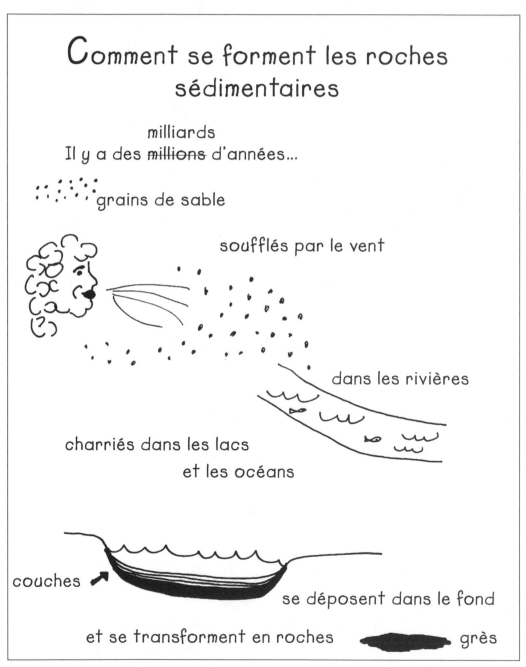

FIGURE 23.1 Deux entrées sur les roches sédimentaires dans le journal d'apprentissage d'élèves du 1ᵉʳ cycle du secondaire

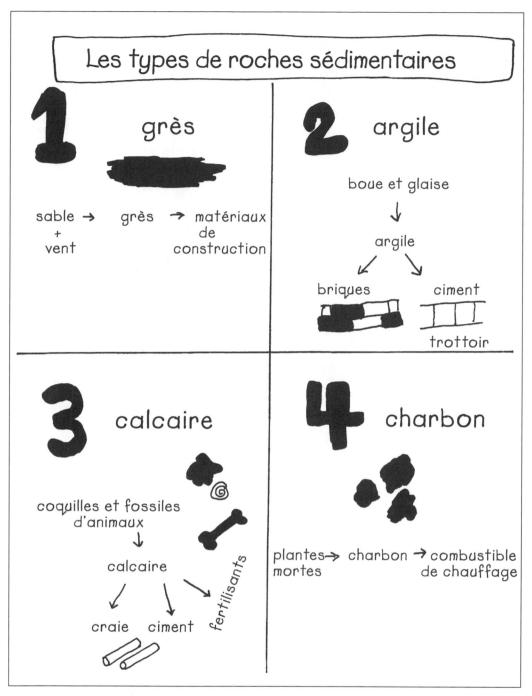

FIGURE 23.1 Deux entrées sur les roches sédimentaires dans le journal d'apprentissage d'élèves du 1er cycle du secondaire (*suite*)

Les élèves utilisent également le journal d'apprentissage en mathématique. Par exemple, ils écrivent les explications et les exemples des notions présentées en classe, conçoivent des problèmes et réagissent aux concepts mathématiques qu'ils ont appris et aux problèmes éprouvés. Par exemple, dans un module sur l'argent, les élèves dessinent des pièces de monnaie et des billets de banque, puis ils remplissent des tableaux qui montrent les combinaisons de pièces de monnaie égales à 1 $, écrivent des problèmes à l'aide de coupons-rabais et de publicités découpés dans les journaux, puis font de l'écriture minute sur les façons de dépenser et d'économiser l'argent.

Aux niveaux scolaires plus élevés, certains enseignants permettent aux élèves d'utiliser les cinq dernières minutes des cours de mathématiques pour faire une synthèse du cours et y réagir dans leur journal d'apprentissage.

Références

Bromley, K. (1993). *Journaling: Engagements in reading, writing, and thinking*, New York, Scholastic.

Tompkins, G. E. (2004). *Teaching writing: Balancing process and product* (4e éd.), Upper Saddle River, Merrill/Prentice Hall.

STRATÉGIE 24 Journal de lecture

- ● modules littéraires
- ● cercles de lecture
- ● ateliers de lecture/d'écriture
- ○ modules thématiques

- ○ préscolaire
- ● maternelle à 2ᵉ année
- ● 3ᵉ année à 5ᵉ année
- ● 6ᵉ année au 1ᵉʳ cycle du secondaire

- ● individuel
- ○ deux par deux
- ○ équipes
- ○ ensemble des élèves

Les élèves écrivent dans leur journal de lecture leurs réactions et leurs opinions au sujet des livres qu'ils lisent ou que leur enseignant leur lit à voix haute. Ce faisant, ils corrigent les fausses interprétations, explorent des idées et approfondissent leur compréhension des livres qu'ils lisent (Barone, 1990; Hancock, 1992). Ils insèrent également dans leur journal des mots du mur de mots (voir la page 86), des schémas représentant des éléments de l'histoire et de l'information sur les auteurs et les genres (Tompkins, 2004). Dans le cas d'un mini-roman, les élèves écrivent dans leur journal après un ou deux chapitres. Pour un livre d'images ou une nouvelle, les élèves remplissent leur journal à la fin. Souvent, les élèves réagissent à plusieurs livres d'un même auteur ou à différentes versions du même conte.

Étape par étape

1. *Fabriquer le journal de lecture.* Pour fabriquer leur journal de lecture, les élèves agrafent ensemble des feuilles de papier. Ils lisent une histoire ou un livre, ou écoutent quelqu'un lire, puis écrivent le titre sur une page de leur journal de lecture. Parfois, ils écrivent aussi le nom de l'auteur. Dans le cas d'un mini-roman, les élèves écrivent le titre et le numéro du chapitre.

2. *Écrire les entrées.* Les élèves écrivent leurs réactions et leurs commentaires au sujet du livre ou du chapitre. Il ne s'agit pas de résumer le livre, mais de faire des liens avec leur vie ou avec d'autres livres qu'ils ont lus. Les élèves peuvent également énumérer des mots intéressants ou non familiers, noter un extrait et prendre des notes sur les personnages, l'intrigue et d'autres éléments de l'histoire. Toutefois, l'objectif premier du journal de lecture est d'amener les élèves à réfléchir au livre, à faire des liens entre la littérature et leur vie ainsi qu'à mieux comprendre l'histoire.

3. *Vérifier les entrées des élèves.* L'enseignant s'assure que les élèves ont fait leur travail. Il réagit aux interprétations et aux réflexions des élèves par des commentaires écrits. L'écriture dans le journal de lecture est peu formelle; par conséquent, l'enseignant ne doit pas s'attendre à une orthographe parfaite, mais il peut exiger que les noms des personnages soient écrits correctement, ainsi que les mots du mur de mots.

Applications et exemples

Les élèves de tous les niveaux peuvent écrire et dessiner dans un journal de lecture pour approfondir leur compréhension des histoires qu'ils lisent ou qu'on leur lit.

Une classe de 6ᵉ année a lu *Le passeur* (Lowry, 1994), un livre qui a remporté le prix Newbery et qui raconte l'histoire d'une société plutôt imparfaite. Les élèves ont discuté de chaque chapitre et cherché un titre qui lui conviendrait. Ensuite, les élèves ont écrit dans leur journal de lecture le numéro du chapitre et le titre qu'ils préféraient. Les trois entrées de journal suivantes montrent comment un élève de 6ᵉ année a compris l'idée de « libération ». Après avoir lu le chapitre 18 et en avoir discuté, l'élève n'a pas compris que la « libération » signifiait la mort, mais il a saisi le sens de ce mot quand il a lu le chapitre 19.

Chapitre 18 : « Libération »
Je pense que la libération est violente. Les gens ont le droit de vivre là où ils veulent. Ce n'est pas parce qu'ils sont différents qu'ils doivent partir. Je crois que la libération, c'est quand on doit s'en aller vivre ailleurs. Quand on est libéré, on ne peut pas revenir parmi les nôtres.

Chapitre 19 : « Libération : la vérité »
C'est si méchant de tuer les gens qui n'ont rien fait de mal. Ils tuent des personnes innocentes. Tout le monde a le droit de vivre. Un coup, c'est encore pire. Ils devraient pouvoir mourir par eux-mêmes. Si j'étais Jonas, je deviendrais probablement fou. Les gens qui tuent les gens qui doivent être libérés ne savent pas ce qu'ils font.

Chapitre 20 : « Mortifiés »
Je ne crois pas que Jonas va être capable d'aller chez lui et de confronter son père. Que peut-il faire ? Maintenant qu'il sait ce que signifie la libération, il restera probablement avec le Donneur pour le reste de sa vie, jusqu'à ce qu'il soit libéré.

Références

Barone, D. (1990). « The written responses of young children: Beyond comprehension to story understanding », *The New Advocate*, nᵒ 3, p. 49 à 56.

Hancock, M. R. (1992). « Literature response journals: Insights beyond the printed page », *Language Arts*, nᵒ 61, p. 141 à 150.

Lowry, Lois (1994). *Le passeur*, Paris, L'école des loisirs.

Tompkins, G. E. (2004). *Teaching writing: Balancing process and product* (4ᵉ éd.), Upper Saddle River, Merrill/Prentice Hall.

STRATÉGIE 25 Lecture à l'unisson

- ● modules littéraires
- ● cercles de lecture
- ● ateliers de lecture/d'écriture
- ● modules thématiques

- ● préscolaire
- ● maternelle à 2ᵉ année
- ● 3ᵉ année à 5ᵉ année
- ● 6ᵉ année au 1ᵉʳ cycle du secondaire

- ○ individuel
- ○ deux par deux
- ● équipes
- ● ensemble des élèves

Le principal avantage de cette stratégie est de partager l'expérience de lecture à voix haute avec d'autres personnes (Graves, 1992 ; Larrick, 1991). Les élèves peuvent lire tous ensemble le texte (un livre, un poème, une comptine, etc.) à voix haute ou répartir des sections du texte parmi des équipes. Les élèves peuvent aussi travailler individuellement pour lire des passages. Cette stratégie convient très bien aux modules littéraires, aux cercles de lecture, aux modules thématiques ou aux ateliers de lecture et d'écriture. Voici quatre méthodes pour exploiter la lecture à l'unisson :

- *Lecture en écho :* Un élève lit une ligne, et le groupe la répète.

- *Lecture en chœur :* Un élève lit la principale partie de la comptine, et le groupe lit le refrain en chœur.

- *Lecture en équipe :* Les élèves forment deux ou plusieurs équipes, et chaque équipe lit à voix haute une partie du texte.

- *Lecture à la chaîne :* Un élève ou un groupe d'élèves lit la première phrase ou le premier passage que vous aurez ciblé. Un autre élève ou une autre équipe s'ajoute pour lire la phrase ou le passage qui suit, et ainsi de suite, pour produire un effet cumulatif. À la fin du texte, tous les élèves lisent ensemble le dernier passage.

Étape par étape

1. *Choisir un texte.* L'enseignant choisit un texte, l'écrit au tableau ou en distribue des copies aux élèves.

2. *Préparer le texte pour la lecture à l'unisson.* L'enseignant détermine avec les élèves la façon de lire le texte. Ils inscrivent les indications au tableau ou sur leur copie afin de pouvoir suivre.

3. *Faire une répétition.* L'enseignant lit le texte à plusieurs reprises avec les élèves à un débit normal et en soignant la prononciation. L'enseignant peut rester debout afin de permettre aux élèves de voir sa bouche prononcer les mots pendant la lecture.

4. *Demander aux élèves de lire le texte à voix haute.* L'enseignant insiste pour que les élèves prononcent les mots clairement et lisent de manière expressive. L'enseignant peut enregistrer les élèves. D'ailleurs, il arrive que les élèves décident de modifier le découpage du texte après avoir entendu l'enregistrement.

La lecture à l'unisson est une excellente activité pour les élèves qui apprennent le français, car elle leur permet de lire à voix haute avec leurs camarades dans un contexte non menaçant. Pendant qu'ils lisent en français avec la classe, les élèves entendent les mots et les phrases et s'exercent à les prononcer avec la bonne intonation. Avec la pratique, les élèves lisent et parlent avec plus d'aisance.

Applications et exemples

La poésie est un style littéraire privilégié pour exploiter la lecture à l'unisson. Les élèves apprennent à apprécier les sons, les émotions et la magie des mots de la poésie. Bien des poèmes se prêtent à la lecture à l'unisson : les poèmes qui comportent des répétitions, des refrains et ceux qui sont écrits sous forme de questions et de réponses. Les poèmes écrits spécifiquement pour deux lecteurs sont aussi efficaces.

Références

Graves, D. H. (1992). *Explore poetry*, Portsmouth, Heinemann.

Larrick, N. (1991). *Let's do a poem: Introducing poetry to children,* New York, Delacorte Press.

STRATÉGIE 26 Lecture à tour de rôle

- ● modules littéraires
- ● cercles de lecture
- ○ ateliers de lecture/d'écriture
- ● modules thématiques

- ○ préscolaire
- ● maternelle à 2e année
- ● 3e année à 5e année
- ● 6e année au 1er cycle du secondaire

- ○ individuel
- ○ deux par deux
- ● équipes
- ● ensemble des élèves

Les élèves lisent à tour de rôle leur phrase ou leur paragraphe préféré d'une histoire ou d'un livre. L'enseignant applique souvent cette stratégie pour souligner la fin d'un module littéraire ou l'étude d'un livre. Les élèves choisissent leurs passages préférés du livre et les relisent pour se préparer. Ensuite, ils lisent les extraits à tour de rôle, à voix haute. Il n'y a pas d'ordre particulier et plusieurs élèves peuvent lire le même extrait. La lecture à tour de rôle est un événement social. Les élèves retiennent les passages mémorables et très bien écrits.

Étape par étape

1. *Choisir un passage.* Les élèves feuillettent un livre qu'ils ont déjà lu pour trouver un ou plusieurs passages qu'ils ont aimés (une phrase ou un paragraphe), puis ils marquent les emplacements de ces passages avec un signet ou une note autoadhésive.

2. *S'exercer à lire.* Les élèves s'exercent une ou deux fois à lire leur extrait afin de pouvoir le lire aisément.

3. *Lire les extraits choisis.* Pour commencer la lecture à tour de rôle, l'enseignant invite un élève à lire un passage à voix haute à la classe. Après une pause, un autre élève lit son passage. L'enseignant ne donne pas de tour de parole ; chaque élève lit son extrait dès qu'une ou qu'un autre a terminé. On peut lire les extraits dans n'importe quel ordre et on peut lire le même extrait plus d'une fois. L'enseignant peut aussi lire son passage favori. La lecture prend fin quand chaque élève qui le souhaite a lu son extrait.

Applications et exemples

Les passages que les élèves choisissent de lire ont d'autres utilisations. Les élèves peuvent recopier leurs phrases préférées sur des bandes de papier ou sur des affiches qu'ils exposeront dans la classe. Ces phrases leur serviront de modèles pour rédiger. Ils peuvent aussi s'en servir pour faire de l'analyse grammaticale.

L'enseignant peut utiliser la lecture à tour de rôle avec des livres informatifs (voir la page 78) pour revoir les concepts clés et les données importantes. Après avoir lu un chapitre d'un livre informatif ou d'un manuel scolaire, l'enseignant demande aux élèves de trouver un élément d'information important et intéressant à lire à voix haute. Ensuite, les élèves lisent et relisent à tour de rôle les phrases qu'ils ont choisies. Pendant que les élèves lisent les phrases à tour de rôle, ils renforcent les éléments clés du livre.

STRATÉGIE 27 Lecture dirigée – Activité de réflexion

- ● modules littéraires
- ○ cercles de lecture
- ○ ateliers de lecture/d'écriture
- ○ modules thématiques

- ● préscolaire
- ● maternelle à 2ᵉ année
- ● 3ᵉ année à 5ᵉ année
- ○ 6ᵉ année au 1ᵉʳ cycle du secondaire

- ● individuel
- ● deux par deux
- ● équipes
- ● ensemble des élèves

Après avoir lu ou écouté le passage d'un récit, les élèves font une pause pour en prédire la suite. Puis ils lisent ou écoutent la suite pour vérifier leurs prédictions (Stauffer, 1975). La lecture dirigée – activité de réflexion est utile pour enseigner aux élèves comment appliquer la stratégie de prédiction. On peut l'adapter et l'utiliser avec des livres d'images ou avec des romans.

Étape par étape

1. *Présenter l'histoire avant de commencer la lecture.* L'enseignant peut parler du sujet, montrer des objets et des images en lien avec l'histoire, faire des liens avec les connaissances antérieures des élèves ou créer de nouvelles expériences.

2. *Montrer aux élèves la couverture du livre.* L'enseignant demande aux élèves de faire une prédiction sur l'histoire. Il pose ces questions aux élèves :

   - De quoi peut parler un livre qui porte ce titre ?

   - Selon vous, qu'est-ce qui va arriver ?

   - Est-ce que cette image vous donne un indice sur l'histoire ?

   Au besoin, l'enseignant lit le premier ou les deux premiers paragraphes pour donner plus d'information aux élèves. Après une courte discussion, l'enseignant pose les questions suivantes :

   - À votre avis, laquelle de ces prédictions est la bonne ?

   - Pourquoi ?

3. *Commencer l'histoire.* Les élèves lisent ou écoutent le début de l'histoire. Ensuite, l'enseignant pose des questions comme les suivantes aux élèves pour les aider à vérifier leurs prédictions :

   - Que pensez-vous à présent ?

   - À votre avis, que se passe-t-il ensuite dans l'histoire ?

   - Que se passerait-il si… ?

   - Pourquoi pensez-vous que cette prédiction est la bonne ?

   Les élèves lisent ou écoutent la suite de l'histoire et s'arrêtent à certains moments clés de l'histoire pour répondre de nouveau aux questions.

4. *Demander aux élèves de réfléchir sur leurs prédictions.* Les élèves parlent de l'histoire, expriment leurs sentiments et font des liens avec leur propre vie et leur propre expérience de la littérature. Ensuite, les élèves réfléchissent sur leurs prédictions alors qu'ils continuent de découvrir l'histoire, puis ils expliquent en quoi leurs prédictions

sont bonnes ou mauvaises. L'enseignant pose les questions suivantes pour aider les élèves à évaluer leurs prédictions.

- Quelles prédictions avez-vous faites?
- Quel élément de l'histoire vous a fait penser à cette prédiction?
- Quel élément de l'histoire va dans le sens de votre prédiction?

Applications et exemples

L'enseignant peut écrire les prédictions des élèves sur des bandes de papier ou sur du papier quadrillé afin que les élèves puissent les relire.

Il est important de se rappeler que cette stratégie n'est utile que si les élèves lisent ou écoutent une histoire qu'ils ne connaissent pas, ce qui les motive à participer activement au cycle prédictions-vérification. En effet, si les élèves connaissent déjà l'histoire, il n'y a aucun intérêt à leur demander de faire des prédictions.

Référence

Stauffer, R. G. (1975). *Directing the reading-thinking process*, New York, Harper & Row.

STRATÉGIE 28 Lecture en silence

○ modules littéraires   ○ préscolaire   ○ individuel

○ cercles de lecture   ● maternelle à 2ᵉ année   ○ deux par deux

● ateliers de lecture/d'écriture   ● 3ᵉ année à 5ᵉ année   ○ équipes

○ modules thématiques   ● 6ᵉ année au 1ᵉʳ cycle du secondaire   ● ensemble des élèves

La lecture en silence est un moment réservé à la lecture individuelle pendant les heures de classe. Les élèves d'une classe ou de l'école tout entière profitent de ce moment pour lire en silence des livres de leur choix. Dans certaines écoles, tout le monde (élèves, enseignants, personnel de direction, secrétaires) font une pause pour lire, habituellement pendant une période de 15 à 30 minutes. La lecture en silence est une activité populaire dans les écoles.

L'enseignant utilise la lecture en silence pour augmenter le temps consacré quotidiennement à la lecture et pour développer la capacité des élèves de lire en silence et sans interruption (Hunt, 1967 ; McCracken et McCracken, 1978). Différentes études ont conclu que la lecture en silence permet d'accroître la capacité de lecture des élèves (Krashen, 1993 ; Pilgreen, 2000). De plus, cette stratégie encourage les élèves à prendre l'habitude de lire chaque jour. Étant donné que les élèves choisissent les livres qu'ils vont lire, ils découvrent ainsi leurs goûts et leurs préférences en tant que lecteurs. Voici les règles de la lecture en silence :

- Les élèves lisent les livres de leur choix.
- Les élèves lisent en silence.
- L'enseignant donne l'exemple en participant à la lecture en silence.
- Les élèves choisissent un livre ou d'autre matériel de lecture pour toute la période de lecture.
- L'enseignant utilise une minuterie pour chronométrer une durée prédéterminée et continue, habituellement entre 15 et 30 minutes.
- Tous les élèves de la classe ou de l'école participent.
- Les élèves ne rédigent pas de compte rendu de lecture, ni ne participent à d'autres activités de lecture.
- Il n'y a aucune évaluation des élèves par l'enseignant. (Pilgreen, 2000)

Pour assurer le succès de la lecture en silence, les élèves doivent avoir accès à un grand nombre de livres, soit dans la bibliothèque de la classe ou dans la bibliothèque de l'école. Ils doivent également savoir utiliser la solution de Boucle d'or (voir la page 106) pour choisir des livres qui correspondent à leur niveau de lecture. Si les élèves ne trouvent aucun livre correspondant à leur niveau de lecture, ils ne pourront pas lire individuellement pendant une longue période.

Étape par étape

1. *Réserver du temps.* L'enseignant réserve une période sans interruption pour la lecture individuelle. Il peut s'agir d'une période de 10 minutes pour une classe de 1ʳᵉ année, ou de 20 à 30 minutes ou plus pour les niveaux plus élevés. Les enseignants

commencent souvent par une période de 10 minutes, puis prolongent cette période au fur et à mesure que les élèves sont capables de lire plus longtemps.

2. *S'assurer que les élèves ont des livres à lire.* Pour les lecteurs plus avancés, la lecture en silence est un moment de lecture individuel. Les élèves conservent dans leur pupitre un livre qu'ils liront pendant cette période et utilisent un signet pour marquer la page où ils sont rendus. Les lecteurs débutants peuvent lire de nouveaux livres ou choisir entre trois et quatre livres qu'ils connaissent déjà pour les relire pendant la lecture en silence. Pour les élèves qui ne peuvent lire seuls, la période de lecture peut se faire avec un partenaire de lecture.

3. *Utiliser une minuterie.* L'enseignant utilise une minuterie et, lorsque chaque élève a un livre à lire, il la règle pour la durée prévue. Pour s'assurer que rien ne dérange les élèves pendant la lecture en silence, certains enseignants posent un écriteau « Ne pas déranger » sur la porte de la classe.

4. *Lire en même temps que les élèves.* Pendant la période de lecture en silence, l'enseignant lit un livre, un magazine ou un journal. Il montre ainsi les possibilités qu'offre la lecture et le plaisir qu'elle procure.

Même si la lecture en silence ne comporte aucune activité de suivi, l'enseignant peut faire des activités courtes et choisies avec soin pour maintenir l'intérêt des élèves pour la lecture (Pilgreen, 2000). Souvent, les élèves discutent de leurs lectures avec un camarade de classe, ou encore des volontaires présentent le livre qu'ils ont lu à la classe. Les élèves peuvent ainsi découvrir des livres qu'ils aimeraient lire. Parfois, les élèves prennent l'habitude d'offrir les livres qu'ils ont lus à leurs camarades.

Applications et exemples

Si tous les enseignants d'une école veulent instaurer une période de lecture en silence, ils se rencontrent pour déterminer le moment approprié et établir les règles. Plusieurs écoles réservent la période qui suit l'arrivée en classe le matin ou un autre moment de la journée. Ce qui importe, c'est que la période de lecture en silence ait lieu au même moment chaque jour, et que tous – enfants et adultes – y participent. Si les enseignants utilisent ce temps pour faire de la correction ou travailler individuellement avec des élèves, la stratégie ne sera pas aussi efficace. La direction de l'école et les autres membres du personnel devraient prendre l'habitude d'aller dans une classe différente chaque jour pour participer à la lecture en silence.

Références

Hunt, L. (1967). « Evaluation through teacher-pupil conferences », dans T. C. Barrett (édit.), *The evaluation of children's reading achievement*, Newark, International Reading Association, p. 111 à 126.

Krashen, S. (1993). *The power of reading*, Englewood, Libraries Unlimited.

McCracken, R., et McCracken, M. (1978). « Modeling is the key to sustained silent reading », *The Reading Teacher*, nº 31, p. 406 à 408.

Pilgreen, J. L. (2000). *The SSR handbook: How to organize and manage a sustained silent reading program*, Portsmouth, Boynton/Cook/Heinemann.

STRATÉGIE 29 Lecture guidée

● modules littéraires	○ préscolaire	○ individuel
○ cercles de lecture	● maternelle à 2ᵉ année	○ deux par deux
○ ateliers de lecture/d'écriture	● 3ᵉ année à 5ᵉ année	● équipes
○ modules thématiques	○ 6ᵉ année au 1ᵉʳ cycle du secondaire	○ ensemble des élèves

Les enseignants utilisent la lecture guidée pour lire un livre avec un petit groupe d'élèves dont la compétence en lecture est comparable (Clay, 1991). Le livre doit être adapté au niveau des élèves. En suivant le processus de lecture, l'enseignant aide les élèves à lire et à utiliser des stratégies de lecture (Depree et Iversen, 1996 ; Fountas et Pinnell, 1996). Les élèves lisent, habituellement en silence, à leur propre rythme. Les débutants ont souvent tendance à chuchoter les mots en lisant ; cela aide l'enseignant à suivre la lecture de l'élève et à reconnaître ses stratégies de lecture. La lecture guidée n'est pas une lecture à tour de rôle au cours de laquelle chaque élève lit quelques pages du livre à voix haute.

Étape sur étape

1. *Choisir un livre approprié pour le groupe d'élèves.* Les élèves doivent être capables de lire le livre avec 90 à 94 % d'exactitude. L'enseignant se procure des exemplaires du livre pour tous les élèves du groupe.

2. *Présenter le livre au groupe.* L'enseignant montre la couverture du livre, lit le titre et le nom de l'auteur, puis rappelle les connaissances antérieures des élèves sur le sujet du livre. Il utilise des mots clés pour parler du livre, mais il n'emploie pas de mots-étiquettes pour familiariser les élèves avec les nouveaux mots avant la lecture. Les élèves examinent les illustrations du livre et en discutent.

3. *Inviter les élèves à lire individuellement.* L'enseignant aide les élèves à décoder les mots et à utiliser les stratégies de lecture au besoin. Les élèves lisent en silence ou « en chuchotant ». L'enseignant observe les élèves durant la lecture et évalue leur utilisation des stratégies de décodage et de compréhension. Il aide les élèves, un à la fois, à décoder les mots difficiles, à comprendre les structures de phrases moins familières et à comprendre les idées du texte chaque fois qu'il le faut.

4. *Donner aux élèves l'occasion de commenter le livre.* Les élèves parlent du livre, posent des questions et font des liens avec d'autres livres qu'ils ont lus, par exemple dans un cercle de lecture (voir la page 13).

5. *Faire participer les élèves à une ou deux activités d'exploration.* Exemples :
   - enseigner un concept phonétique, une stratégie de reconnaissance des mots ou une stratégie de lecture ;
   - revoir des mots de vocabulaire ;
   - analyser un élément de la structure d'une histoire.

6. *Fournir aux élèves des occasions de lire individuellement.* L'enseignant place le livre dans un panier ou dans le coin lecture de la classe pour que les élèves puissent le relire seuls durant un atelier de lecture.

Applications et exemples

Les élèves appliquent le processus de lecture pendant la lecture guidée. Le tableau 29.1 présente un plan d'enseignement pour le livre *Histoires bizarres de l'école Zarbi* (Sachar, 2003), une histoire de 30 chapitres au sujet d'une classe du 30e étage de l'école Zarbi. Chaque chapitre consiste en la description d'un des élèves de cette classe ou de leur enseignant. Le livre est écrit pour des élèves de 3e année, et ses chapitres très courts conviennent bien aux élèves les moins avancés. Le tableau 29.1 renferme de brèves descriptions du plan d'enseignement pour chacune des cinq étapes du processus de lecture (Tompkins, 2003).

Étape du processus de lecture	Histoires bizarres de l'école Zarbi
Prélecture	L'enseignant présente le livre en lisant à voix haute l'introduction. Les élèves examinent ensuite l'illustration de la page couverture et font des prédictions au sujet de cette école inhabituelle ainsi que des élèves et de l'enseignant du 30e étage.
Lecture	Chaque jour, les élèves lisent en silence deux ou trois chapitres. L'enseignant les aide au besoin. L'enseignant insiste sur l'importance de la visualisation lorsqu'on lit la description d'un personnage.
Réaction	Les élèves discutent des personnages. Ils posent des questions pour mieux comprendre, puis comparent les personnages à eux-mêmes et aux autres enfants qu'ils connaissent.
Exploration	Les élèves tracent une grille de 30 cases à l'intérieur d'une pochette. Après avoir lu un chapitre, ils font un croquis du personnage qui y est présenté, puis écrivent des mots ou des phrases de description qui les aident à visualiser le personnage. L'enseignant passe en revue les mots de description et aide les élèves à distinguer ce qui est essentiel de ce qui ne l'est pas pour la description de chaque personnage.
Application	Une fois la lecture du livre terminée, l'enseignant range des exemplaires du livre dans la bibliothèque de la classe. Il encourage les élèves à relire le livre pendant les ateliers de lecture. L'enseignant présente la suite, *L'école Zarbi déménage* (Sachar, 2004), et invite les élèves à la lire individuellement.

TABLEAU 29.1 Un plan d'enseignement pour la lecture guidée d'un livre

Références

Clay, M. M. (1991). *Becoming literate: The construction of inner control*, Portsmouth, Heinemann.

Depree, H., et Iversen, S. (1996). *Early literacy in the classroom: A new standard for young readers*, Bothell, Wright Group.

Fountas, I. C., et Pinnell, G. S. (1996). *Guided reading: Good first teaching for all children*, Portsmouth, Heinemann.

Sachar, Louis (2003). *Histoires bizarres de l'école Zarbi*, Paris, Bayard.

Sachar, Louis (2004). *L'école Zarbi déménage*, Paris, Bayard.

Tompkins, G. E. (2003). *Literacy for the 21st century: A balanced approach* (3e éd.), Upper Saddle River, Merrill/Prentice Hall.

STRATÉGIE 30 Lecture partagée

- ● modules littéraires
- ○ cercles de lecture
- ○ ateliers de lecture/d'écriture
- ● modules thématiques

- ● préscolaire
- ● maternelle à 2ᵉ année
- ● 3ᵉ année à 5ᵉ année
- ● 6ᵉ année au 1ᵉʳ cycle du secondaire

- ○ individuel
- ○ deux par deux
- ● équipes
- ● ensemble des élèves

La lecture partagée permet de lire avec les élèves des livres et d'autres textes qu'ils ne pourraient lire seuls (Holdaway, 1979). Les élèves lisent le texte à voix haute et à l'unisson avec l'enseignant. Avec de jeunes enfants, l'enseignant utilise des textes grand format, notamment des gros livres et des poèmes écrits sur des cartons et des tableaux d'écriture interactive (voir la page 33) ou l'approche langagière (voir la page 3). Ainsi, les équipes ou l'ensemble des élèves peuvent voir le texte et le lire à voix haute avec l'enseignant. L'enseignant décrit les normes de l'écriture, comme la lecture de gauche à droite, les mots, les lettres, la ponctuation. L'enseignant cite en exemple les lecteurs les plus habiles qui peuvent pratiquer des activités de lecture agréables (Depree et Iversen, 1996 ; Fountas et Pinnell, 1996).

La lecture partagée est une étape entre la lecture faite aux enfants et la lecture individuelle (Parkes, 2000 ; Slaughter, 1993). Pour les élèves plus âgés, l'enseignant utilise les techniques de lecture partagée pour lire des livres que les élèves ne pourraient lire seuls. Les élèves ont en main une copie du texte – un mini-roman, un manuel scolaire ou tout autre livre – et lisent avec l'enseignant. Ou encore, l'enseignant, ou une autre personne, lit un texte à voix haute pendant que les autres élèves suivent le texte en silence.

Étape par étape

1. *Présenter le texte.* L'enseignant présente le livre ou le texte en rappelant les connaissances antérieures des élèves en lien avec les sujets abordés ou en donnant de l'information. Il lit ensuite à voix haute le titre du livre et le nom de l'auteur.

2. *Lire le texte à voix haute.* L'enseignant lit le texte à voix haute et pointe les mots avec une baguette (un crayon muni d'une gomme à effacer) pour aider les élèves à suivre. Il invite ensuite les élèves à lire tous ensemble si l'histoire est répétitive.

3. *Organiser un cercle de lecture* (voir la page 13). L'enseignant invite les élèves à discuter de l'histoire, à poser des questions et à mettre en commun leurs réponses.

La lecture partagée est utile pour les élèves qui apprennent le français, car elle leur permet d'entendre quelqu'un (l'enseignant ou une autre personne) lire à voix haute tout en suivant dans le texte. De plus, les élèves peuvent participer et lire les mots qui leur sont familiers sans ressentir de pression.

4. *Relire l'histoire.* À tour de rôle, les élèves tournent les pages et utilisent la baguette pour lire le texte. L'enseignant leur fait ensuite lire ensemble les mots familiers et prévisibles. Pendant la lecture, il profite de l'occasion pour présenter des stratégies de lecture.

5. *Refaire la démarche.* L'enseignant lit l'histoire à plusieurs reprises sur une période de quelques jours, et demande à nouveau aux élèves de tourner les pages et d'utiliser la baguette à tour de rôle pour suivre. Il encourage les élèves capables de le faire à lire avec lui.

6. *Demander aux élèves de lire individuellement.* Une fois que les élèves sont plus familiers avec le texte, l'enseignant en distribue des copies à chaque élève ou distribue des copies d'autres textes pour lecture individuelle ou d'autres activités.

Applications et exemples

L'enseignant utilise les étapes du processus de lecture pour la lecture partagée : la prélecture, la lecture, la réaction, l'exploration et l'application. À l'étape de la prélecture, l'enseignant présente le livre et amène les élèves à s'y intéresser. À l'étape de la lecture, il utilise la lecture partagée pour faire une première lecture du livre. À l'étape de la réaction, les élèves réagissent en cercles de lecture et écrivent dans leur journal d'apprentissage (voir la page 57). À l'étape de l'exploration, les élèves relisent l'histoire, en équipes et individuellement. Enfin, à l'étape de l'application, ils réalisent des projets.

En plus d'utiliser la lecture partagée avec les gros livres, l'enseignant peut l'employer avec la lecture à l'unisson (voir la page 63) et la lecture théâtrale (voir la page 74). La lecture partagée convient aussi pour lire des mini-romans avec les élèves ; l'enseignant ou un élève lit à voix haute pendant que les autres élèves suivent sur leur copie.

L'enseignant utilise la lecture partagée pour lire à voix haute la version livre grand format d'une histoire. Avec une baguette, il aide les élèves à suivre dans le texte. Il encourage les élèves à répéter le refrain et d'autres mots familiers et prévisibles. Après une première lecture, les élèves désirent souvent lire l'histoire une seconde fois et participer davantage. Les élèves utilisent la baguette à tour de rôle.

Les élèves forment un cercle de lecture avec l'enseignant pour discuter de l'histoire et de sa conclusion. Après la discussion, les élèves écrivent leurs réactions dans leur journal de lecture (voir la page 61).

Les élèves participent à diverses activités d'exploration. Ils ajoutent des mots au mur de mots (voir la page 86), visitent les centres de littératie (voir la page 9) ou relisent la version grand format pendant plusieurs jours. Ils lisent ensuite la version régulière en équipes ou individuellement.

Les élèves créent des projets pour approfondir leur compréhension de l'histoire. Ils peuvent utiliser des marionnettes, écrire des lettres à l'auteur ou écrire leur propre histoire.

Références

Depree, H., et Iversen, S. (1996). *Early literacy in the classroom: A new standard for young readers*, Bothell, Wright Group.

Fountas, I. C., et Pinnell, G. S. (1996). *Guided reading: Good first teaching for all children*, Portsmouth, Heinemann.

Holdaway, D. (1979). *Foundations of literacy*, Auckland, Ashton Scholastic.

Parkes, B. (2000). *Read it again! Revisiting shared reading*, York, Stenhouse.

Slaughter, J. (1993). *Beyond storybooks: Young children and the shared book experience*, Newark, International Reading Association.

STRATÉGIE 31 Lecture théâtrale

● modules littéraires	○ préscolaire	○ individuel
○ cercles de lecture	● maternelle à 2ᵉ année	○ deux par deux
○ ateliers de lecture/d'écriture	● 3ᵉ année à 5ᵉ année	● équipes
○ modules thématiques	● 6ᵉ année au 1ᵉʳ cycle du secondaire	○ ensemble des élèves

La lecture théâtrale est la lecture expressive d'un texte dramatique par un groupe d'élèves. Les élèves peuvent lire un texte tiré d'un livre ou d'un manuel ou encore un texte qu'ils ont rédigé. Chaque élève choisit un personnage et lit ses répliques. Les élèves interprètent l'histoire sans les mouvements. Ils peuvent être debout ou assis, mais ils doivent communiquer l'intrigue, le caractère du personnage, l'ambiance et le thème par leur voix, leurs gestes et leurs expressions faciales. La lecture théâtrale est moins compliquée à réaliser qu'une pièce de théâtre : les élèves n'ont pas à mémoriser de longs textes, n'ont pas besoin de décors et de costumes élaborés et ne passent pas de longues heures à répéter (Tompkins, 2002).

Étape par étape

1. *Choisir un texte.* Les élèves et l'enseignant choisissent un texte, puis ils le lisent et en discutent comme ils le font pour n'importe quel texte. Ensuite, les élèves se portent volontaires pour lire les répliques des personnages.

2. *Demander aux élèves de s'exercer à lire.* Les élèves déterminent comment ils utiliseront leurs voix, leurs gestes et leurs expressions faciales pour interpréter les personnages. Ils lisent le texte plusieurs fois en soignant leur diction, la projection de leur voix et leur intonation. Les présentations peu structurées de ce genre sont moins contraignantes qu'une véritable pièce de théâtre, mais il faut tout de même veiller à développer l'interprétation au maximum.

3. *Présenter la lecture.* La lecture théâtrale peut se faire sur une scène ou dans un coin de la classe. Les élèves sont debout ou assis en rangée pour lire leur texte. Ils demeurent dans cette position durant toute la lecture, ou ils entrent « en scène » et en sortent selon les apparitions de leurs personnages. Si les élèves sont assis, ils peuvent aussi se lever quand vient leur tour de lire ; s'ils sont debout, ils peuvent avancer d'un pas. L'important n'est pas la qualité de la production, mais la qualité de l'interprétation grâce aux voix et aux mimiques. Les costumes et les accessoires ne sont pas nécessaires, mais l'utilisation de quelques menus accessoires peut ajouter à l'intérêt, tant qu'elle ne nuit pas à l'interprétation du texte.

Applications et exemples

L'enseignant et les élèves peuvent composer leur propre texte pour la lecture théâtrale. Il est important qu'il y ait beaucoup de dialogues. Quelqu'un peut agir comme narratrice ou narrateur pour lire les passages qui ne font pas partie du dialogue. Selon le nombre de ces passages, un à quatre élèves peuvent se les partager. Souvent, l'enseignant fait des photocopies du livre pour que les élèves puissent surligner et marquer des passages à mesure qu'ils apprennent le texte. Les élèves peuvent utiliser leurs copies marquées même pour la présentation finale ; l'enseignant peut aussi récrire la version finale en intégrant les modifications et en omettant les parties inutiles.

Référence

Tompkins, G. E. (2002). *Language arts: Content and teaching strategies* (5e éd.), Upper Saddle River, Merrill/Prentice Hall.

STRATÉGIE 32 Livre collectif

● modules littéraires	● préscolaire	○ individuel
○ cercles de lecture	● maternelle à 2e année	○ deux par deux
○ ateliers de lecture/d'écriture	● 3e année à 5e année	● équipes
● modules thématiques	● 6e année au 1er cycle du secondaire	● ensemble des élèves

Les livres collectifs sont l'œuvre de l'ensemble des élèves. Chaque élève produit une page ou travaille avec un camarade de classe pour écrire une partie du livre. Les élèves appliquent le processus habituel d'écriture pour rédiger le texte, le corriger et le mettre en page.

Le livre collectif a pour avantage de répartir le travail de création entre les élèves, ce qui facilite et accélère la fabrication par rapport au travail individuel (Tompkins, 2004). Puisque les élèves n'écrivent qu'une seule page ou partie du livre, l'enseignant consacre moins de temps aux rencontres individuelles pour superviser les élèves dans leurs tâches de correction et de mise en page.

Cette stratégie est souvent utilisée avec les élèves qui font un livre pour la première fois. Elle permet aussi de présenter les étapes du processus d'écriture. Les élèves de tous les niveaux peuvent utiliser le livre collectif pour raconter leur histoire préférée, illustrer un poème en consacrant une page par strophe, ou rédiger un texte informatif ou une biographie. Un abécédaire (voir la page 1) est un autre exemple de livre collectif.

Étape par étape

1. *Choisir un sujet.* L'enseignant détermine un sujet en lien avec le module littéraire ou le module thématique à l'étude. Les élèves choisissent ensuite des sujets spécifiques ou des pages à préparer. Par exemple, si chaque élève doit réaliser une page d'un livre informatif sur les pingouins, chaque élève choisit un élément d'information relatif à cet animal puis réalise sa production ; il pourrait s'agir d'un dessin illustrant l'élément d'information choisi avec un court texte explicatif immédiatement en dessous.

2. *Déterminer la mise en page du livre.* Pour modéliser la mise en page, l'enseignant peut réaliser une page du livre avec les élèves avant qu'ils commencent à travailler.

3. *Faire une ébauche.* Les élèves présentent leurs pages en groupes d'écriture. Ils corrigent les illustrations et le texte en fonction des commentaires de leurs camarades de classe. Les élèves peaufinent ensuite la présentation et préparent la version définitive de leurs pages.

4. *Rassembler les pages et relier le livre.* Les élèves ajoutent une page titre et une couverture. Les élèves plus âgés peuvent dresser une table des matières, rédiger une introduction et une conclusion, puis inclure une bibliographie. Souvent, pour solidifier le livre, l'enseignant plastifie la couverture (ou toutes les pages du livre), puis assemble le livre avec des agrafes, de la ficelle, des pinces ou une reliure spirale.

5. *Faire des copies.* L'enseignant offre souvent un exemplaire du livre à chaque élève. Il peut conserver la copie reliée dans la classe ou à la bibliothèque de l'école.

Applications et exemples

Dans les modules littéraires, les élèves utilisent souvent le livre collectif pour faire le rappel d'une histoire, ou créer une variante ou une nouvelle version. S'il s'agit d'une histoire en plusieurs chapitres, chaque élève fait le rappel d'un chapitre différent. Les élèves peuvent également faire un livre collectif à partir d'un poème ou d'une chanson en écrivant une ligne ou une strophe par page et en l'accompagnant d'une image.

Les livres collectifs peuvent aussi être des textes informatifs et des biographies. Pour un livre informatif, chaque élève traite un élément d'information par page ; pour les biographies, chaque élève présente un événement de la vie de la personne.

La figure 32.1 présente une page d'un livre d'une classe de 1re année sur *L'arbre généreux* (Silverstein, 1982) écrit dans le cadre d'un module sur la nature. Après avoir fait une ébauche, les élèves de 1re année ont travaillé avec un élève plus âgé pour taper et imprimer la version définitive de leur texte.

FIGURE 32.1
Une page du livre d'une classe de 1re année sur *L'arbre généreux*

L'arbre est très grand. Il aime un petit garçon. Il lui donne ses fruits. Il lui donne ses feuilles et ses branches aussi. À la fin, il lui donne son tronc. C'est un arbre généreux.

Enfin, la stratégie du livre collectif permet aux élèves de produire des rapports collectifs. Les élèves travaillent en équipes de deux ou plus. Ils font une recherche sur un sujet en lien avec le module thématique. Ils peuvent utiliser une toile d'idées (voir la page 116) et des plans ou encore une grille d'information (voir la page 46) pour noter les renseignements pertinents. Ensuite, ils utilisent cette information pour rédiger une partie du rapport. Ils poursuivent le processus d'écriture pour corriger et mettre en page leur rédaction. Enfin, ils produisent une version définitive qu'ils insèrent dans le livre de la classe.

Références

Silverstein, Shel (1982). *L'arbre généreux*, Paris, L'école des loisirs.
Tompkins, G. E. (2004). *Teaching writing: Balancing process and product* (4e éd.), Upper Saddle River, Merrill/Prentice Hall.

STRATÉGIE 33 Livre informatif

● modules littéraires	○ préscolaire	● individuel
○ cercles de lecture	○ maternelle à 2e année	○ deux par deux
● ateliers de lecture/d'écriture	● 3e année à 5e année	○ équipes
● modules thématiques	● 6e année au 1er cycle du secondaire	○ ensemble des élèves

Pour écrire des livres informatifs, les élèves utilisent une méthode similaire à celle des livres collectifs : ils formulent des questions, trouvent des éléments de réponse et compilent leurs découvertes. Les livres informatifs présentent toutefois deux différences importantes : premièrement, les élèves doivent préciser leur sujet ; deuxième, ils assument l'entière responsabilité de la rédaction (Tompkins, 2004).

Étape par étape

1. *Choisir un sujet et le préciser.* Les élèves choisissent un sujet en lien avec le module à l'étude, leurs loisirs ou leurs intérêts. Après avoir choisi un sujet, par exemple les chats ou le système solaire, ils le précisent afin de faciliter leur recherche. Par exemple, dans le cas des chats, ils peuvent se pencher sur les chats domestiques ou les tigres ; dans le cas du système solaire, ils peuvent étudier une planète en particulier.

2. *Formuler des questions de recherche.* Les élèves font une séance de remue-méninges pour formuler des questions de recherche qu'ils écrivent dans leur journal d'apprentissage (voir la page 57). Ils en dressent la liste, combinent certaines questions et en éliminent d'autres. À la fin, ils conservent quatre à six questions qu'ils jugent les plus intéressantes. Une fois la recherche amorcée, ils peuvent ajouter de nouvelles questions ou éliminer celles qui ne mènent nulle part.

3. *Recueillir de l'information.* L'enseignant aide les élèves à trouver et à consigner l'information. Les élèves font des toiles d'idées (voir la page 116) ou des grilles d'information (voir la page 46) pour classer l'information. Avec leurs cases rectangulaires, les grilles d'information sont à mi-chemin entre les toiles d'idées et les fiches utilisées par les élèves des niveaux plus élevés.

4. *Écrire le livre informatif.* Les élèves utilisent l'information recueillie pour rédiger une ébauche. La réponse à chaque question peut s'étendre sur un paragraphe, une page, ou un chapitre du livre informatif.

5. *Corriger le livre informatif.* L'enseignant aide les élèves à corriger et à réviser leur livre. Les élèves travaillent en équipes pour soumettre leurs ébauches à des camarades de classe puis et apporter des corrections en fonction des commentaires reçus. Une fois la correction terminée, les élèves utilisent une liste de contrôle pour relire le livre, repérer les coquilles et les corriger.

6. *Publier le livre.* Les élèves mettent au propre leur ébauche corrigée et ajoutent des pages couvertures, une page titre, une table des matières et une bibliographie. Les livres peuvent prendre différentes formes : par exemple, une bande de film ou une présentation vidéo, une série d'affiches illustrées, un diorama ou une adaptation.

Applications et exemples

Les élèves produisent souvent des livres informatifs comme projets pour les modules litté-raires, les ateliers d'écriture et les modules thématiques interdisciplinaires. Ce faisant, ils ont l'occasion d'approfondir et de personnaliser leur apprentissage ainsi que de s'exercer à l'écriture. Dans un module sur les sciences, des élèves du 1er cycle du secondaire ont écrit des livres informatifs sur les concepts scientifiques abordés en classe. La figure 33.1 présente une page d'un livre sur les solstices et les équinoxes.

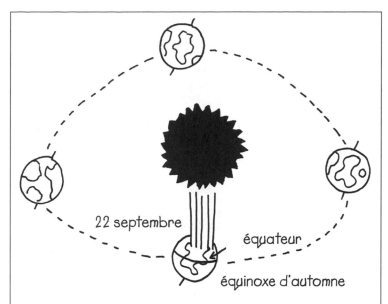

22 septembre

équateur

équinoxe d'automne

Le premier équinoxe a lieu le 22 septembre. Les rayons du Soleil frappent directement l'équateur (le nombre d'heures d'ensoleillement et de noirceur est le même partout sur la Terre). Dans l'hémisphère Nord, c'est le début de l'automne.

FIGURE 33.1
Une page d'un livre informatif d'un élève du 1er cycle du secondaire intitulé *Solstice et équinoxe*

Référence

Tompkins, G. E. (2004). *Teaching writing: Balancing process and product* (4e éd.), Upper Saddle River, Merrill/Prentice Hall.

STRATÉGIE 34 Livre *Tout sur...*

- ● modules littéraires
- ○ cercles de lecture
- ● ateliers de lecture/d'écriture
- ● modules thématiques

- ○ préscolaire
- ● maternelle à 2ᵉ année
- ○ 3ᵉ année à 5ᵉ année
- ○ 6ᵉ année au 1ᵉʳ cycle du secondaire

- ● individuel
- ● deux par deux
- ○ équipes
- ○ ensemble des élèves

La structure de ce petit livre est simple : chaque page contient une caractéristique, un exemple ou un fait décrit à l'aide de quelques mots ou d'une illustration. Les jeunes enfants écrivent des livres *Tout sur...* sur des sujets qui leur sont familiers. Les livrets qu'ils fabriquent comptent quatre ou cinq pages : ils écrivent un mot, une expression ou une phrase sur chaque page, et ils ajoutent des illustrations ou dessins. L'enseignant lit chaque petit livre avec l'élève concerné, puis il aide l'élève à le corriger ou à le modifier avant la présentation sur la chaise d'auteur (voir la page 15). C'est le premier type de livre que les jeunes enfants ou les personnes qui apprennent à écrire produisent (Bonin, 1988 ; Sowers, 1985 ; Tompkins, 2004).

Étape par étape

1. *Choisir un sujet.* Les élèves choisissent un sujet qu'ils connaissent ou qui les intéresse, ou l'enseignant suggère un sujet d'intérêt général en lien avec la matière vue en classe.

2. *Recueillir et structurer les idées.* Les élèves font une séance de remue-méninges pour déterminer ce qu'ils écriront ou dessineront sur chacune des pages.

3. *Écrire le livre.* Les élèves écrivent des mots, des expressions ou des phrases sur chaque page pour accompagner leurs dessins.

4. *Lire le livre avec l'enseignant.* Lors d'un entretien, les élèves lisent leur livre avec l'enseignant et y apportent des changements au besoin. Habituellement, les élèves corrigent le vocabulaire ou les fautes d'orthographe et ajoutent les signes de ponctuation requis. Parfois, au terme de la rencontre, l'enseignant ou les élèves saisissent la copie définitive du livre à l'ordinateur, tandis que d'autres élèves « publient » leur livre sans les recopier.

5. *Présentation des livres en classe.* Pour terminer, chaque élève s'assoit sur la chaise d'auteur pour lire son livre à ses camarades de classe. Les élèves applaudissent, font des commentaires positifs et posent des questions.

Applications et exemples

Les livres *Tout sur...* sont souvent utilisés dans le cadre des ateliers d'écriture ou pendant les ateliers thématiques. Dans les ateliers d'écriture, les élèves choisissent eux-mêmes le sujet de leur livre, par exemple leur famille, les animaux familiers, les vacances, les loisirs, etc. Voici un extrait du livre intitulé *Mon précieux chat* écrit par une élève de 1ʳᵉ année pendant un atelier de lecture :

Page 1 : *Mon chat s'appelle Miaou, car elle fait miaou, miaou tout le temps.*

Page 2 : *Je donne à manger à Miaou tous les matins.*

Page 3 : *Miaou s'est déjà perdue pendant 6 jours, mais elle est revenue à la maison. Elle était toute sale, mais elle était en santé.*

Page 4 : *Miaou est presque toute noire, mais elle a du blanc sur les pattes. Sa fourrure est très douce.*

Page 5 : *Miaou dort sur mon lit et elle me lèche avec sa langue rugueuse.*

Cette élève a écrit un livre sur un sujet qu'elle connaît. Chaque page présente un élément d'information différent sur sa chatte.

Les élèves écrivent aussi des livres de ce genre pendant les modules thématiques. Par exemple, dans un module sur les plantes, les élèves peuvent écrire des livres sur les végétaux en général, ou sur un des sujets suivants :

- la croissance des végétaux ;
- les différents types de végétaux comme les fleurs, les arbres, les légumes ;
- les parties d'une plante ;
- les végétaux que nous mangeons.

Les sujets retenus pour les livres *Tout sur…* correspondent aux objectifs de l'enseignant pour le module thématique et à la matière à l'étude. La figure 34.1 présente deux pages du livre *Les graines* écrit par un élève de 1re année. Cet élève a utilisé la matière apprise pendant le module. Il a réussi à épeler correctement la plupart des mots en consultant une affiche placardée sur un des murs de la classe. Il a corrigé ses fautes d'orthographe pendant la rencontre avec son enseignante.

Les graines donnent des fleurs.

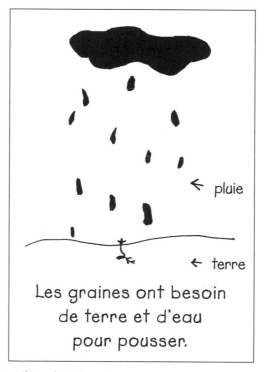

Les graines ont besoin de terre et d'eau pour pousser.

FIGURE 34.1 Deux pages du livre *Les graines* d'un élève de 1re année

Les livres *Tout sur…* conviennent comme première expérience de rédaction de compte rendu pour les élèves plus âgés qui n'ont pas une grande aisance en écriture. Les élèves peuvent écrire des livres *Tout sur…* sur la Route verte ou sur la Grèce antique en sciences humaines, sur les insectes, les minéraux ou les machines simples en sciences, ou sur la mesure, le temps ou l'argent en mathématiques.

Références

Bonin, S. (1988). « Beyond storyland: Young writers can tell it other ways », dans T. Newkirk et N. Atwell (édit.), *Understanding writing* (2e éd.), Portsmouth, Heinemann, p. 47 à 51.

Sowers, S. (1985). « The story and the "all about" book », dans J. Hansen, T. Newkirk, et D. Graves (édit.), *Breaking ground: Teachers relate reading and writing in the elementary school*, Portsmouth, Heinemann, p. 73 à 82.

Tompkins, G. E. (2004). *Teaching writing: Balancing process and product* (4e éd.), Upper Saddle River, Merrill/Prentice Hall.

STRATÉGIE 35 Mini-leçon

- ● modules littéraires
- ● cercles de lecture
- ● ateliers de lecture/d'écriture
- ● modules thématiques

- ● préscolaire
- ● maternelle à 2e année
- ● 3e année à 5e année
- ● 6e année au 1er cycle du secondaire

- ○ individuel
- ○ deux par deux
- ● équipes
- ● ensemble des élèves

Les mini-leçons sont des leçons dirigées qui portent sur les méthodes, les concepts, les stratégies et les compétences en littératie (Atwell, 1987; Calkins, 1994). Les méthodes comprennent par exemple la fabrication de marionnettes ou la façon de faire une entrée dans un journal d'apprentissage (voir la page 57); les concepts incluent la mise en commun d'information sur un auteur et les homophones; les compétences vont de l'utilisation des virgules dans une énumération à l'utilisation d'un index pour trouver de l'information dans un ouvrage général; les stratégies consistent dans la visualisation, les liens entre la fiction et la réalité, et l'utilisation d'une toile d'idées (voir la page 116). Les mini-leçons durent habituellement de 15 à 30 minutes; parfois, l'enseignant prolonge la mini-leçon pendant quelques jours pour permettre aux élèves de l'approfondir ou de l'appliquer aux activités de lecture et d'écriture. L'enseignant donne la mini-leçon à l'ensemble des élèves ou à des équipes, selon le contexte. Le moment le plus approprié pour enseigner une mini-leçon est quand les élèves ont tout de suite l'occasion de mettre leur apprentissage en application.

Étape par étape

1. *Présenter la méthode, le concept, la stratégie ou la compétence.* L'enseignant tire des exemples des livres que les élèves sont en train de lire, ou encore de leurs travaux écrits.

2. *Citer des exemples en lien avec la matière.* L'enseignant fait une démonstration et cite des exemples en lien avec la matière à l'étude, en établissant des relations avec les lectures ou les travaux écrits des élèves.

3. *Permettre la mise en pratique.* L'enseignant donne aux élèves l'occasion de mettre en pratique les méthodes, les concepts, les stratégies ou les compétences enseignées dans les mini-leçons. Dans les activités, les élèves consolident l'information et les exemples qu'ils ont vus.

4. *Demander aux élèves de prendre des notes.* Les élèves prennent des notes dans un cahier de français ou sur une affiche sur la matière à l'étude qu'ils placarderont en classe.

5. *Réfléchir sur la matière.* Les élèves pensent à des moyens d'intégrer leur apprentissage dans leurs travaux de lecture et d'écriture. L'enseignant donne ensuite d'autres occasions aux élèves d'utiliser la méthode, le concept, la stratégie ou la compétence qu'ils sont en train d'apprendre.

Applications et exemples

L'enseignant donne des mini-leçons sur toutes sortes de méthodes, de concepts, de compétences et de stratégies en littératie. Le tableau 35.1 montre les cinq étapes de trois mini-leçons. Le premier exemple est une mini-leçon sur l'utilisation du suffixe -able; le deuxième exemple porte sur la façon de faire un portrait intérieur (voir la page 91); la troisième mini-leçon est une révision des homophones.

	Le suffixe -able	Le portrait intérieur	Les homophones
1. *Introduction*	Présenter le suffixe -able. Demander aux élèves de circuler dans la classe pour trouver des exemples de mots qui finissent par le suffixe -able. Demander aux élèves d'écrire les mots sur une grande feuille de papier.	Présenter le portrait intérieur comme une activité qui permet aux élèves d'approfondir un des personnages du livre qu'ils sont en train de lire. Présenter en guise d'exemple le portrait intérieur d'un personnage d'un livre déjà lu.	Réviser les homophones. Expliquer que les homophones sont des mots qui se prononcent de la même façon, mais qui s'écrivent différemment. Nommez les mots *vers, verre, vert* en guise d'exemples.
2. *Exemples*	Lire avec les élèves les mots qu'ils ont écrit sur une grande feuille de papier. Ajouter les mots tirés du livre qu'ils lisent. Les élèves doivent encercler le radical de chaque mot.	Faire devant la classe le portrait intérieur d'un personnage du livre que les élèves sont en train de lire.	Demander aux élèves de faire une séance de remue-méninges pour dresser une liste d'homophones, plus particulièrement ceux qu'ils trouvent difficiles. Encourager les élèves à faire part de leurs trucs pour se rappeler quand utiliser chaque mot.
3. *Mise en pratique*	Les élèves pratiquent la reconnaissance, la lecture et l'écriture de mots se terminant par -able dans des centres. Les élèves retrouvent les mots en -able sur des tableaux interactifs, forment des mots en -able sur un tableau avec lettres magnétiques et écrivent des mots en -able sur des tableaux pour marqueurs effaçables à sec.	Passer en revue les étapes du portrait intérieur. Demander aux élèves de travailler individuellement pour faire le portrait du même personnage ou d'un autre personnage du livre qu'ils sont en train de lire.	Demander aux élèves de revoir leurs brouillons corrigés pour repérer leurs erreurs liées aux homophones. Les inviter à dresser la liste des erreurs les plus fréquentes.
4. *Prise de notes*	Les élèves écrivent de petits livres sur le suffixe -able et encerclent le radical de chaque mot.	Avec les élèves, remplir un tableau de classe sur les étapes à suivre pour faire un portrait intérieur. Ils pourront le consulter pour faire d'autres portraits. Utiliser l'écriture interactive (voir la page 33) pour remplir le tableau.	Les élèves travaillent individuellement pour remplir un tableau utile pour éviter les erreurs liées aux homophones.
5. *Retour*	Après plusieurs jours, les élèves lisent à nouveau les livres qu'ils ont écrits récemment et ils doivent reconnaître les mots se terminant par le suffixe -able.	Inviter les élèves à présenter leurs portraits intérieurs à leurs camarades de classe, puis discuter avec eux de l'utilité de cette activité pour mieux comprendre les personnages d'un livre.	Après une semaine ou deux, demander aux élèves de vérifier leurs compositions pour vérifier s'il y a des erreurs liées aux homophones, puis de réfléchir sur leur capacité d'éviter ce genre d'erreurs dans un exercice d'écriture minute (voir la page 36).

TABLEAU 35.1   Les étapes de trois mini-leçons

Références

Atwell, N. (1987). *In the middle: Writing, reading, and thinking with adolescents*, Portsmouth, Heinemann, Boyton/Cook.

Calkins, L. M. (1994). *The art of teaching writing* (2e éd.), Portsmouth, Heinemann.

STRATÉGIE 36 Mur de mots

● modules littéraires	● préscolaire	○ individuel
○ cercles de lecture	● maternelle à 2ᵉ année	○ deux par deux
○ ateliers de lecture/d'écriture	● 3ᵉ année à 5ᵉ année	○ équipes
● modules thématiques	● 6ᵉ année au 1ᵉʳ cycle du secondaire	● ensemble des élèves

Les murs de mots sont de grandes feuilles de papier sur lesquelles les élèves et l'enseignant écrivent des mots importants, intéressants ou difficiles. Ces mots proviennent des histoires, des livres informatifs ou des manuels que les élèves lisent (Tompkins, 2003). Les élèves consultent le mur de mots pendant les activités d'écriture et d'étude de mots.

Le mur de mots peut également servir dans les modules thématiques de sciences humaines ou de sciences. Un mur de mots sur les plantes pour des élèves de maternelle ou de 1ʳᵉ année pourrait inclure les mots suivants : *graine, fleur, tige, arbre, cactus, racine, soleil, eau, feuille* et *croissance*. L'enseignant fait un mur de mots pour chaque élément du curriculum afin que les élèves puissent classer les mots plus facilement. Par exemple, si un mur de mots contient à la fois les mots du module littéraire sur *Sarah la pas belle* (MacLachlan, 2004) et les mots d'un module thématique sur les machines, cela pourrait créer de la confusion chez les élèves.

Étape par étape

1. *Préparer le mur de mots.* L'enseignant placarde une grande feuille de papier sur un mur de la classe, la divise en cases (12 à 16) et inscrit une ou plusieurs lettres de l'alphabet dans chaque case.

2. *Présenter le mur de mots.* L'enseignant présente le mur de mots aux élèves et y inscrit plusieurs mots clés pendant les activités préparatoires à la lecture.

3. *Ajouter des mots.* Après avoir lu un livre d'images ou après chaque chapitre d'un mini-roman, les élèves ajoutent d'autres mots « importants » au mur de mots. Les élèves et l'enseignant écrivent les mots sur la grande feuille de papier, en s'assurant d'écrire assez gros. Il faut corriger tout mot mal orthographié, car les élèves vont lire et utiliser ce mot dans différentes activités. Parfois, pour les mots plus difficiles, l'enseignant ajoute une petite image, écrit un synonyme, entoure le mot racine ou écrit à côté la forme au pluriel ou un mot apparenté.

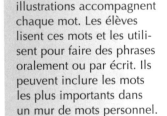

Le mur de mots est un outil précieux pour les apprenants en langue française, surtout quand de petites illustrations accompagnent chaque mot. Les élèves lisent ces mots et les utilisent pour faire des phrases oralement ou par écrit. Ils peuvent inclure les mots les plus importants dans un mur de mots personnel.

4. *Utiliser le mur de mots pour les activités d'exploration.* Les élèves utilisent les mots du mur de mots dans diverses activités où ils doivent épeler des mots correctement. Pendant les modules littéraires ou les modules thématiques, les élèves consultent le mur de mots lorsqu'ils font des mots, écrivent dans leur journal d'apprentissage (voir la page 57), classent des mots ou réalisent des projets.

5. *Écrire les mots sur des cartes de mots.* À la fin d'un module littéraire ou thématique, l'enseignant inscrit sur des cartes les mots du mur de mots. Il peut utiliser des fiches, des bandelettes de papier ou de petites feuilles de papier décoratif dont les motifs correspondent au sujet du module. Il perce un trou dans un des coins de chaque carte et relie les cartes au moyen d'un anneau en métal ou de ficelle de façon à en faire un livret. Il range les livrets au centre d'écriture (voir la page 11) afin que les élèves les consultent au besoin.

Applications et exemples

Pour les élèves de maternelle et les élèves qui commencent à lire, il est bon d'écrire les mots clés sur de petites cartes et de ranger ces cartes dans une pochette au lieu de les écrire sur un mur de mots. Cela permet aux élèves de faire correspondre les mots à des objets et à des images, puis de les utiliser pour d'autres activités.

Les élèves plus âgés font leurs propres murs de mots sur des feuilles de papier ou des chemises en y traçant des cases associées aux lettres de l'alphabet. Pendant la lecture d'un roman ou l'étude d'un module de sciences humaines ou de sciences, ils ajoutent des mots à leur mur de mots.

Au primaire, l'enseignant peut utiliser un autre type de mur de mots pour les mots à fréquence élevée. Il placarde au mur de grandes feuilles de papier de bricolage, une pour chaque lettre de l'alphabet, puis il y inscrit les mots à fréquence élevée à mesure que les élèves les rencontrent (Cunningham, 1995). La figure 36.1 illustre une feuille de mots qui commencent par « C » remplie par une classe de 1re année. Les élèves peuvent y ajouter de petites cartes d'images. Ce mur de mots reste en permanence dans la classe et on peut y ajouter des mots au cours de l'année. Dans les classes de maternelle, l'enseignant demande aux élèves, au début de l'année scolaire, d'écrire leur nom sur une feuille placardée au mur et d'ajouter des mots de leur environnement, comme *école* et *conte*. Plus tard dans l'année, ils ajoutent des mots comme *je, aime, le, tu, maman, papa* et d'autres mots que les élèves veulent lire et écrire.

FIGURE 36.1
Le mur de mots à fréquence élevée pour la lettre « C » d'une classe de 1re année

Références

Cunningham, P. M. (1995). *Phonics they use: Words for reading and writing* (2ᵉ éd.), New York, HarperCollins.

MacLachlan, Patricia (2004). *Sarah la pas belle*, Paris, Galimard-Jeunesse.

Tompkins, G. E. (2003). *Literacy for the 21ˢᵗ century* (3ᵉ éd.), Upper Saddle River, Merrill/Prentice Hall.

STRATÉGIE 37 Plan de prélecture

◯ modules littéraires	◯ préscolaire	◯ individuel
◯ cercles de lecture	◯ maternelle à 2ᵉ année	◯ deux par deux
◯ ateliers de lecture/d'écriture	● 3ᵉ année à 5ᵉ année	◯ équipes
● modules thématiques	● 6ᵉ année au 1ᵉʳ cycle du secondaire	● ensemble des élèves

Les enseignants utilisent le plan de prélecture pour évaluer les connaissances des élèves et présenter l'information contextuelle nécessaire avant que les élèves ne lisent des livres informatifs ou des manuels scolaires (Langer, 1981 ; Tierney, Readance et Dishner, 1995). L'enseignant présente un concept clé de la lecture et invite les élèves à faire une séance de remue-méninges pour trouver des idées et des mots en lien avec le concept. L'ensemble des élèves discutent du concept, puis les élèves mettent par écrit leur réflexion par l'écriture minute – dessin minute (voir la page 36). Grâce à cette préparation, les élèves comprennent mieux le texte à lire. Cette activité est particulièrement utile pour les élèves qui connaissent peu un sujet ou qui manquent de vocabulaire et pour les élèves en français langue seconde.

Étape par étape

1. *Présenter le concept.* L'enseignant présente un concept à l'aide d'un mot, d'une phrase, d'un objet, ou d'une image pour lancer la discussion.

2. *Faire une séance de remue-méninges.* L'enseignant invite les élèves à faire une séance de remue-méninges sur le concept et note leurs idées dans un tableau. Il aide les élèves à faire des liens entre les idées qu'ils ont trouvées.

3. *Présenter le vocabulaire.* L'enseignant présente et définit des mots dont les élèves auront besoin pour lire le texte et le comprendre.

4. *Faire de l'écriture minute.* L'enseignant indique aux élèves de faire de l'écriture minute au sujet du concept à partir de la liste de mots issus du remue-méninges.

5. *Présenter les résultats.* Les élèves présentent les résultats de leur écriture minute à l'ensemble de la classe, et l'enseignant leur pose des questions pour les aider à clarifier et à préciser leur travail.

6. *Lire le texte.* Les élèves lisent le texte et font le lien entre ce qu'ils lisent et ce qu'ils ont appris avant la lecture.

Applications et exemples

Avant que les élèves lisent un livre sur la Charte des droits et libertés, une enseignante du 1ᵉʳ cycle du secondaire a utilisé le plan de prélecture pour expliquer le principe voulant que tous les citoyens ont des libertés et des responsabilités. La séance de remue-méninges a donné les mots suivants :

- garantis par la Constitution
- citoyens
- liberté de parole

- liberté de religion
- liberté de réunion
- perquisition interdite sans mandat
- limites sur ces libertés dans l'intérêt de tous
- « vie, liberté, et recherche du bonheur »
- agir de manière responsable
- voter de manière éclairée
- droit à un procès avec jury
- servir comme juré
- aucune punition cruelle ou inhabituelle
- le pouvoir du peuple
- service public : conseil municipal, commission scolaire, parlement, présidence

Les élèves ont ensuite fait de l'écriture minute pour s'approprier les idées suggérées lors la séance de remue-méninges. En voici un exemple :

> J'ai toujours compris que le Canada était un pays libre, mais je pensais que c'était grâce à la Constitution. Maintenant, je sais que la Charte des droits est la liste de nos libertés. J'ai le droit d'aller à l'église de mon choix, de dire ce que je pense, et de lire les journaux. Je ne savais pas que servir de juré était un droit, ma mère non plus. Il y a un an, elle a participé à un jury, mais elle ne voulait pas. Elle a été absente une semaine du travail et son patron n'a pas aimé ça. C'était le procès de quelqu'un qui avait volé un magasin et tiré sur un homme, mais il ne l'a pas tué. Je vais lui dire que c'est important d'être une jurée. Quand je serai un adulte, j'espère être juré dans un procès pour meurtre. Je veux protéger mes libertés et je sais que c'est la responsabilité de tous les citoyens.

Lorsque l'enseignante a lu le texte de cet élève, elle a souligné les concepts discutés en classe et a constaté que l'élève avait mêlé certains articles de la Charte avec les libertés énumérées dans ces articles. L'enseignante a clarifié certaines incompréhensions de manière individuelle avec les élèves et en a abordé d'autres pendant la discussion en classe.

Références

Langer, J. A. (1981). « From theory to practice: A prereading plan », *Journal of Reading*, n° 25, p. 152 à 157.

Tierney, R. J., Readence, J. E., et Dishner, E. K. (1995). *Reading strategies and practices: A compendium* (4e éd.), Boston, Allyn & Bacon.

STRATÉGIE 38 Portrait intérieur

- ● modules littéraires
- ● cercles de lecture
- ○ ateliers de lecture/d'écriture
- ○ modules thématiques

- ○ préscolaire
- ○ maternelle à 2ᵉ année
- ● 3ᵉ année à 5ᵉ année
- ● 6ᵉ année au 1ᵉʳ cycle du secondaire

- ● individuel
- ● deux par deux
- ○ équipes
- ○ ensemble des élèves

Pour aider les élèves à mieux comprendre un personnage ainsi qu'à mieux saisir les péripéties de l'histoire à partir de son point de vue, les élèves font un portrait intérieur de ce personnage. Ces portraits comportent deux parties : le visage du personnage à la première page, et l'intérieur de sa tête à la seconde (Tompkins, 2003). Parfois, les élèves font plusieurs portraits intérieurs pour montrer l'état d'esprit du personnage à différents moments clés de l'histoire. Les portraits intérieurs permettent aux élèves de représenter visuellement les personnages et ce qu'ils pensent.

La figure 38.1 présente les deux portraits de Sarah, la mariée par correspondance du livre *Sarah la pas belle* (MacLachlan, 2004). Les mots et les pages présentés dans son portrait intérieur illustrent ce qu'elle pense à la fin de l'histoire.

FIGURE 38.1 Le portrait intérieur de Sarah, personnage principal de *Sarah la pas belle*, réalisé par un élève de 4ᵉ année

Étape par étape

1. *Faire le portrait d'un personnage.* Les élèves tracent et colorient le visage et le cou d'un des personnages du livre qu'ils sont en train de lire.

2. *Découper le portrait.* Les élèves découpent le portrait et l'agrafent à une autre feuille à dessin. Il est important que l'agrafe soit placée au haut de la page.

3. *Faire le portrait intérieur.* Les élèves soulèvent la première page, puis écrivent et dessinent pour exprimer les pensées du personnage sur la seconde page. Ils peuvent ajouter des pages pour illustrer les pensées du personnage à divers moments de l'histoire.

4. *Présenter le portrait intérieur.* Les élèves présentent leur portrait intérieur à leurs camarades de classe et justifient leur choix d'images et de mots.

Applications et exemples

Les élèves font des portraits intérieurs pour mieux comprendre les personnages des histoires qu'ils sont en train de lire. Avant de dessiner le personnage sur la première page, ils lisent à plusieurs reprises certains passages de l'histoire pour se souvenir de détails précis sur son apparence, puis ils définissent par écrit, dans un journal fictif, le point de vue de ce personnage avant de faire son portrait intérieur à la deuxième page. En plus de faire des portraits intérieurs des personnages des livres qu'ils sont en train de lire, les élèves peuvent le faire pour des personnages historiques dans le cadre de modules de sciences humaines, ou pour des personnalités connues après avoir lu leur biographie.

Références

MacLachlan, Patricia (2004). *Sarah la pas belle*, Paris, Gallimard-Jeunesse.

Tompkins, G. E. (2003). *Literacy for the 21st century: A balanced approach* (3e éd.), Upper Saddle River, Merrill/Prentice Hall.

STRATÉGIE 39 Promotion d'un livre

- ● modules littéraires
- ● cercles de lecture
- ● ateliers de lecture/d'écriture
- ● modules thématiques

- ● préscolaire
- ● maternelle à 2ᵉ année
- ● 3ᵉ année à 5ᵉ année
- ● 6ᵉ année au 1ᵉʳ cycle du secondaire

- ○ individuel
- ○ deux par deux
- ● équipes
- ● ensemble des élèves

La promotion d'un livre est utilisée pour susciter l'intérêt des élèves pour un titre donné, par exemple un ouvrage de la bibliothèque de la classe ou d'un club de livres ou encore un recueil de textes d'un même auteur ou qui traitent d'un thème commun (Gambrell et Almasi, 1996). Un enseignant de 2ᵉ année pourrait utiliser cette stratégie pour faire découvrir aux élèves des ouvrages faciles à lire comme *L'œil du toucan* (Chabin, 1998). L'enseignant présente un livre, décrit les personnages et lit un court extrait à voix haute pour susciter l'intérêt des élèves et les inciter à lire ce livre. Par exemple, un enseignant de 5ᵉ année peut présenter cinq des livres de l'auteur Sylvie Desrosiers, puis demander aux élèves de former des équipes pour en lire un. Souvent, au terme d'une présentation, l'enseignant place les livres sur le rebord du tableau afin que les élèves écrivent leur nom au-dessus du livre qu'ils souhaitent lire.

Étape par étape

1. *Choisir un ou plusieurs livres à présenter.* Si l'enseignant choisit plusieurs livres, il veille habituellement à ce qu'ils aient un lien entre eux : même thème ou même auteur.

2. *Préparer une présentation de une ou deux minutes par livre.* La présentation doit inclure : titre et auteur du livre, genre ou sujet, résumé de l'histoire (sans révéler les menus détails de l'intrigue et le dénouement). L'enseignant dit également pourquoi il a aimé le livre et pourquoi le livre pourrait intéresser les élèves. De plus, il peut lire un court extrait et montrer une illustration.

3. *Présenter le livre.* Si l'enseignant présente plusieurs livres, il les place sur le rebord du tableau ou sur une étagère.

Applications et exemples

Les élèves suivent les mêmes étapes quand ils présentent eux-mêmes un livre, ce qu'ils font régulièrement pour les livres qu'ils ont lus pendant l'atelier de lecture. Ils profitent de la promotion d'un livre pour présenter leurs projets en lien avec ces livres.

Références

Chabin, Laurent (1998). *L'œil du toucan*, Montréal, Les Éditions du Boréal.

Gambrell, L. B., et Almasi, J. F. (édit.) (1996). *Lively discussions! Fostering engaged reading*, Newark, International Reading Association.

Quelques titres de Sylvie Desrosiers, publiés aux éditions de La courte échelle, Montréal : *Les princes ne sont pas tous charmants* (1995), *Qui veut entrer dans la légende ?* (1996), *La jeune fille venue du froid* (1997), *Qui a déjà touché à un vrai tigre ?* (1998), *Peut-on dessiner un souvenir ?* (1999)

STRATÉGIE 40 Questionnement réciproque

○ modules littéraires	○ préscolaire	○ individuel
○ cercles de lecture	○ maternelle à 2ᵉ année	○ deux par deux
○ ateliers de lecture/d'écriture	● 3ᵉ année à 5ᵉ année	● équipes
● modules thématiques	● 6ᵉ année au 1ᵉʳ cycle du secondaire	● ensemble des élèves

Le questionnement réciproque sert à amener les élèves à participer plus activement à la lecture et à la compréhension de livres informatifs. Un des types de questionnement réciproque vient d'Anthony Manzo (1969). Dans cette stratégie, l'enseignant segmente en phrases ou en paragraphes des chapitres de manuels scolaires ainsi que des livres et articles informatifs. Ensuite, il lit un segment avec les élèves, qui se questionnent les uns les autres au sujet du texte. L'enseignant encourage les élèves à poser des questions qui vont au-delà des questions d'ordre factuel et à réfléchir sur leur lecture de manière plus profonde et plus critique. Voici quelques types de questions que les élèves et l'enseignant posent dans le cadre du questionnement réciproque :

- des questions au sujet de la signification de certains mots ;
- des questions dont la réponse se trouve dans le texte ;
- des questions auxquelles on peut répondre en utilisant ses connaissances générales ;
- des questions en lien avec la vie de l'élève ;
- des questions « Je me demande pourquoi » qui vont au-delà de l'information fournie dans le texte ;
- des questions qui demandent à l'élève de trouver de l'information non fournie dans le texte.

Les élèves lisent avec plus d'attention lorsqu'ils doivent formuler des questions et se préparer à y répondre que lorsqu'ils lisent individuellement pour faire un travail.

Étape par étape

1. *Préparer l'activité de questionnement réciproque.* Les élèves lisent le texte et le divisent en segments. L'enseignant détermine la longueur du segment (entre une phrase ou deux et un paragraphe) en fonction de la complexité du matériel présenté et le niveau de lecture des élèves.

2. *Décrire l'activité.* L'enseignant décrit le déroulement de l'activité et demande aux élèves de lire un segment d'un manuel scolaire ou d'un livre informatif.

3. *Poser des questions.* Les élèves posent plusieurs questions à propos du texte qu'ils ont lu ; l'enseignant ferme le livre et répond aux questions dans la mesure du possible.

4. *Inverser les rôles.* Cette fois, c'est au tour des élèves de fermer leur livre et de répondre aux questions de l'enseignant. L'enseignant pose différents types de questions, des questions factuelles aux questions interprétatives. Ou encore, les élèves et l'enseignant posent des questions et y répondent à tour de rôle après avoir lu chaque segment du texte.

5. *Refaire les étapes 2, 3 et 4 pour le reste du texte.* Au moment approprié, l'enseignant demande aux élèves de prédire quelle information ils s'attendent à trouver dans le texte, puis les élèves font le reste du travail individuellement.

Applications et exemples

Le questionnement réciproque est utile pour aider les élèves à lire des livres ou tout autre texte dont la lecture présente une difficulté supplémentaire. Pour ce faire, l'enseignant peut ajouter aux différents segments des questions qui vont aider et guider les élèves.

Référence

Manzo, A. V. (1969). «The request procedure», *Journal of Reading*, n° 11, p. 123 à 126.

STRATÉGIE 41 Rappel de l'histoire

- ● modules littéraires
- ○ cercles de lecture
- ○ ateliers de lecture/d'écriture
- ○ modules thématiques

- ● préscolaire
- ● maternelle à 2ᵉ année
- ● 3ᵉ année à 5ᵉ année
- ○ 6ᵉ année au 1ᵉʳ cycle du secondaire

- ● individuel
- ● deux par deux
- ● équipes
- ○ ensemble des élèves

Le rappel de l'histoire permet d'évaluer la compréhension d'une histoire par les élèves (Gambrell, Pfeiffer et Wilson, 1985; Morrow, 1985). Le rappel se fait oralement, ce qui est particulièrement utile pour les lecteurs débutants, ou par écrit. L'enseignant demande aux élèves de raconter l'histoire dans leurs propres mots. Il peut proposer aux élèves d'utiliser des objets (marionnettes, petits objets ou morceaux de flanelle), de tourner les pages d'un album ou d'utiliser un scénarimage (voir la page 104). Les élèves disent tout ce qu'ils se rappellent de l'histoire; l'enseignant pose ensuite des questions pour stimuler leur mémoire, comme «Te rappelles-tu autre chose?» ou «Qu'est-il arrivé ensuite?». Pendant que les élèves se rappellent l'histoire, l'enseignant prend des notes pour déterminer combien d'idées les élèves ont retenues.

Dans le rappel de l'histoire par écrit, les élèves font de petits livres. Ils écrivent le début de l'histoire sur une page, le développement sur une ou plusieurs pages, et la conclusion sur une autre page. Ils le font dans leurs propres mots et incluent des dessins. Le rappel de l'histoire oral ou écrit permet aux élèves de structurer l'information et les événements, d'acquérir de l'aisance à bâtir des histoires et de mieux comprendre le concept d'histoire.

Étape par étape

1. *Préparer un guide.* L'enseignant conçoit un guide qui lui sert à noter et à analyser ce dont les élèves se souviennent. Le tableau 41.1 présente un modèle de guide.

2. *Lire l'histoire.* L'enseignant lit une histoire aux élèves et leur fait faire des activités pour qu'ils discutent de l'histoire et l'analysent.

3. *Raconter l'histoire.* L'enseignant demande aux élèves de raconter l'histoire oralement ou par écrit. Il peut fournir du matériel de manipulation comme des marionnettes, des objets en lien avec l'histoire, des scénarimages ou un exemplaire du livre pour aider les élèves à se rappeler l'histoire. Le rappel de l'histoire peut se faire individuellement ou en équipes.

4. *Aider les élèves à se rappeler l'histoire.* Si les élèves ont de la difficulté à se rappeler l'histoire, l'enseignant peut les aider en leur posant une ou plusieurs des questions suivantes :

- • Comment l'histoire commence-t-elle?
- • De quoi parle-t-elle?
- • Qu'est-ce qui arrive au début?
- • À quel moment l'histoire se déroule-t-elle?
- • Qu'arrive-t-il ensuite?
- • Que fait _____ ensuite?
- • Comment l'histoire se termine-t-elle? (Morrow, 1985)

Ces questions peuvent servir au rappel de l'histoire oral ou écrit.

Nom _____ Date _____

Histoire _____

Connaissance de l'histoire par l'élève

une lecture •———•———•———•———• plusieurs lectures

Partie	Éléments que l'élève mentionne sans aide	Questions clés	Éléments que l'élève mentionne avec de l'aide
Introduction		Qu'arrive-t-il dans l'introduction ? Où se déroule l'histoire ? Qui sont les personnages ? Quel est le problème principal ?	
Développement		Qu'arrive-t-il dans le développement ? Qu'arrive-t-il ensuite ? Que fait _____ ?	
Conclusion		Comment le problème est-il résolu ? Qu'arrive-t-il à la fin ? Quel est le message de l'auteur ?	

TABLEAU 41.1 Un modèle de guide de l'enseignant pour le rappel de l'histoire

5. *Prendre des notes dans le guide.* L'enseignant prend des notes pendant que les élèves rappellent l'histoire oralement ou pendant la lecture des rappels écrits.

Il inscrit les éléments que les élèves mentionnent sans aide dans la colonne de gauche, puis ajoute ceux dont les élèves se souviennent avec de l'aide dans la colonne de droite. Il analyse l'ensemble de ces éléments pour déterminer ce que les élèves ont retenu de l'introduction, du développement et de la conclusion de l'histoire. De cette façon, l'enseignant sait ce dont les élèves se souviennent et suit leurs progrès.

Applications et exemples

L'enseignant peut raffiner son guide en dressant une liste des idées principales et des détails d'une histoire (voir le tableau 41.2). Il peut s'avérer utile de diviser l'histoire en parties pour structurer ce rappel. Dans la plupart des cas, il utilise les trois parties suivantes : introduction, développement et conclusion.

Rappel de l'histoire		
Nom _____ Date _____		
Sans aide	Les faits	Avec de l'aide

TABLEAU 41.2 Un modèle de guide de rappel personnalisé

Dans le guide, l'enseignant coche les éléments que les élèves mentionnent sans aide dans la colonne de gauche, et ceux qu'ils mentionnent avec aide dans la colonne de droite. L'enseignant analyse ensuite les éléments de l'histoire dont les élèves se souviennent.

Références

Gambrell, L. B., Pfeiffer, W., et Wilson, R. (1985). « The effect of retelling upon reading comprehension and recall of text information », *Journal of Educational Research*, n° 78, p. 216 à 220.

Morrow, L. M. (1985). « Retelling stories: A strategy for improving children's comprehension, concept of story structure, and oral language complexity », *Elementary School Journal*, n° 85, p. 647 à 661.

STRATÉGIE 42 Relations question-réponse

- ● modules littéraires
- ● cercles de lecture
- ○ ateliers de lecture/d'écriture
- ● modules thématiques

- ○ préscolaire
- ○ maternelle à 2ᵉ année
- ● 3ᵉ année à 5ᵉ année
- ● 6ᵉ année au 1ᵉʳ cycle du secondaire

- ● individuel
- ● deux par deux
- ● équipes
- ● ensemble des élèves

La technique de Taffy Raphael, appelée relations question-réponse (Raphael et McKinney, 1983 ; Raphael et Wonnacott, 1985), enseigne aux élèves à se demander consciemment, pour une question de compréhension, s'ils trouveront la réponse mot pour mot dans le texte, s'ils devront lire entre les lignes ou s'ils devront chercher au-delà des éléments d'information fournis par le texte. Lorsqu'ils prennent conscience de ce que demande une question, ils sont mieux en mesure d'y répondre.

Selon cette stratégie, on distingue quatre sortes de questions et autant de types de raisonnements pour répondre à ces questions. Certaines questions s'interprètent tout à fait littéralement, tandis que d'autres requièrent un raisonnement déductif, une application ou une évaluation. Voici les quatre types de questions :

- *Questions « Mot pour mot »*. La réponse est textuelle, écrite noir sur blanc dans le texte, habituellement dans la même phrase que les mots de la question. Ce sont des questions textuelles.

- *Questions « Cherche et trouve »*. La réponse se trouve dans le texte, mais l'élève doit chercher les éléments de réponse dans différentes parties du texte et les mettre ensuite ensemble. Ce sont des questions à raisonnement déductif.

- *Questions « L'auteur et moi »*. Les élèves utilisent une combinaison des idées de l'auteur et de leurs propres idées pour répondre à la question. Ce sont des questions qui font appel tant à la déduction qu'à l'application.

- *Questions « Mon avis »*. Les élèves recourent à leurs propres idées pour répondre à la question ; parfois, il n'est même pas nécessaire de lire le texte pour répondre à la question. Ces questions font appel à l'application et à l'évaluation.

La figure 42.1 de la page suivante montre la description qu'un élève du 1ᵉʳ cycle du secondaire a faite des quatre types de questions.

Les deux premiers types de questions demandent des réponses qui se trouvent dans le texte, souvent mot à mot. Les deux autres types de questions appellent des réponses qui se trouvent dans la tête (Raphael, 1986) ; les réponses comportent des éléments d'information et des idées qui ne sont pas dans le texte.

La stratégie Relations question-réponse vise à aider les élèves à prendre conscience de la nature stratégique de la compréhension. Après une première application de la stratégie, il faut encourager les élèves à s'en servir chaque fois qu'ils lisent un texte narratif et descriptif et qu'ils répondent individuellement à des questions de compréhension.

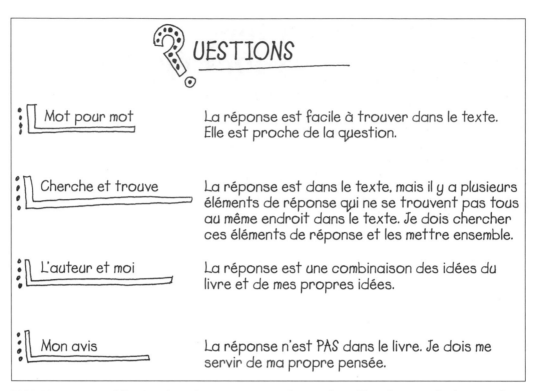

FIGURE 42.1 La définition des relations question-réponse d'un élève du 1er cycle du secondaire

Étape par étape

1. *Lire les questions avant de lire le texte.* Les élèves lisent les questions avant de lire le texte, pour se faire une idée de ce qu'ils devront chercher durant leur lecture.

2. *Prédire le type de réponses appelées par les questions.* Pour chaque question, les élèves se demandent de quel type de question il s'agit et à quel type de raisonnement elle fait appel.

3. *Lire le texte.* Les élèves lisent le texte en ayant en tête les questions.

4. *Répondre aux questions.* Les élèves relisent les questions, déterminent où trouver les réponses, repèrent les réponses et les écrivent.

5. *Présenter les réponses.* Les élèves lisent leurs réponses à voix haute et expliquent comment ils ont répondu aux questions. Ils doivent nommer le type de question et dire s'ils ont trouvé la réponse « dans le texte » ou « dans leur tête ».

Applications et exemples

Un enseignant du 1er cycle du secondaire a demandé à ses élèves d'écrire des exemples des quatre types de questions dans leur journal de lecture (voir la page 61) pendant qu'ils lisaient des romans pour les ateliers de lecture et les modules littéraires. Pendant la lecture du *Passeur* (Lowry, 1994), ils ont écrit les questions ci-dessous et y ont répondu en équipes ou tous ensemble dans des cercles de lecture :

Questions « *Mot pour mot* »
Quelle est la première couleur que Jonas a pu voir ?
Quel âge fallait-il avoir pour conduire une bicyclette ?
Que fait un Receveur ?
Qui était Rosemary ?

Questions « *Cherche et trouve* »
Que signifie la libération ?
En quoi Jonas est-il différent des autres personnes ?
Pourquoi Rosemary demande-t-elle d'être libérée ?

Questions « *L'auteur et moi* »
Qu'est-ce qui n'allait pas avec la mère et le père de Jonas ?
Le Donneur était-il le vrai père de Jonas ?
Qu'est-il arrivé à Jonas et à Gabe à la fin du livre ?
Le Donneur était-il une personne honorable ?

Questions « *Mon avis* »
Aimerais-tu vivre dans cette communauté ?
Cela pourrait-il se produire au Canada ?
Les élèves peuvent également rédiger des questions pour des livres informatifs et des manuels scolaires.

Références

Lowry, Lois (1994). *Le passeur*, Paris, L'école des loisirs.

Raphael, T., et McKinney, J. (1983). « Examination of fifth- and eighth- grade children's question-answering behavior: An instructional study in metacognition », *Journal of Reading Behavior*, n° 15, p. 67 à 86.

Raphael, T., et Wonnacott, C. (1985). « Heightening fourth grade student's sensitivity to sources of information for answering comprehension questions », *Reading Research Quarterly*, n° 20, p. 282 à 296.

STRATÉGIE 43 Remue-méninges éliminatoire

○ modules littéraires	○ préscolaire	○ individuel
○ cercles de lecture	○ maternelle à 2ᵉ année	● deux par deux
○ ateliers de lecture/d'écriture	● 3ᵉ année à 5ᵉ année	● équipes
● modules thématiques	● 6ᵉ année au 1ᵉʳ cycle du secondaire	● ensemble des élèves

Le remue-méninges éliminatoire est une activité de prélecture. Il aide les élèves à se rappeler leurs connaissances et à approfondir leur compréhension d'un thème avant la lecture (Blachowicz, 1986). L'enseignant fait lire aux élèves une liste de mots, puis les élèves indiquent les mots qui ont un rapport avec le thème et ceux qui n'en ont pas. Pendant qu'ils discutent pour déterminer les mots qui ont un lien avec le thème, les élèves accroissent leur connaissance du sujet et se familiarisent avec certains mots clés. Après la lecture, les élèves revoient la liste de mots et vérifient s'ils ont choisi les mots appropriés.

Étape par étape

1. *Préparer une liste de mots.* L'enseignant choisit des mots qui ont un lien avec le texte que les élèves liront. Il insère ensuite dans la liste quelques mots sans lien. Il écrit la liste au tableau ou sur un transparent pour rétroprojecteur, ou il la fait photocopier.

2. *Lire la liste de mots avec les élèves.* Ensuite, en équipes ou tous ensemble, les élèves déterminent les mots qui ont un lien avec le texte et ceux qui n'en ont pas. Ils encerclent les mots qui ne sont pas liés au thème.

3. *Se familiariser avec le sujet.* Les élèves lisent le texte et vérifient si les mots de la liste s'y trouvent.

4. *Vérifier la liste.* Après la lecture, les élèves revoient leur liste de mots et apportent les corrections nécessaires. Ils cochent les mots qui ont un lien avec le sujet et biffent ceux qui n'en ont pas, même s'ils les avaient encerclés plus tôt.

Applications et exemples

Le remue-méninges éliminatoire sert d'activité de prélecture pour familiariser les élèves avec des concepts et des mots clés avant la lecture des textes. Un enseignant du 1ᵉʳ cycle du secondaire, par exemple, a préparé la liste de mots de la figure 43.1 avant la lecture d'un article sur l'océan Arctique. Tous les mots avaient un lien avec l'océan Arctique, sauf les mots *pingouins*, *pôle Sud* et *précipitations*. Avant la lecture, les élèves ont encerclé sept mots qui leur semblaient sans lien. Après la lecture, ils ont biffé les trois mots que leur enseignant s'attendait à voir éliminés.

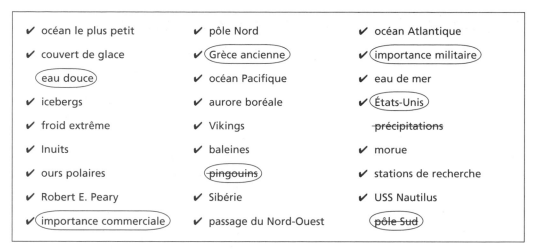

FIGURE 43.1 Une liste de mots pour un remue-méninges éliminatoire sur l'océan Arctique

Avec les histoires, le remue-méninges éliminatoire permet de mettre l'accent sur un thème lié à l'univers social ou aux sciences et technologies avant la lecture. Un enseignant de 4ᵉ année a dressé la liste de mots de la figure 43.2 avant la lecture de *La ballade de Lucy Whipple* (Cushman, 2002). Il s'agit de l'histoire d'une fille qui voyage avec sa famille en Californie à l'époque de la ruée vers l'or. L'enseignant a utilisé le remue-méninges éliminatoire pour présenter aux élèves une partie du vocabulaire de l'histoire et les aider à mieux comprendre la vie en Californie durant la ruée vers l'or. Avant la lecture, les élèves ont encerclé sept mots ; après la lecture, ils ont éliminé trois mots, tous différents de ceux qu'ils avaient d'abord encerclés.

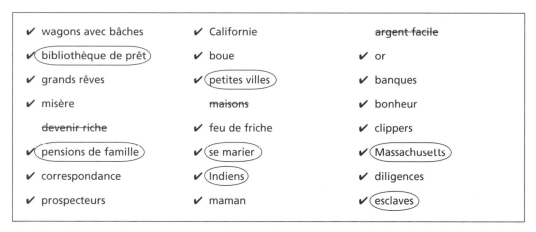

FIGURE 43.2 Une liste pour un remue-méninges éliminatoire au sujet de *La ballade de Lucy Whipple*

Références

Blachowicz, C. L. Z. (1986). « Making connections: Alternatives to the vocabulary notebook », *Journal of Reading*, nᵒ 29, p. 643 à 649.

Cushman, Karen (2002). *La ballade de Lucy Whipple*, Paris, L'école des loisirs.

STRATÉGIE 44 Scénarimage

- ● modules littéraires
- ○ cercles de lecture
- ○ ateliers de lecture/d'écriture
- ● modules thématiques

- ● préscolaire
- ● maternelle à 2e année
- ● 3e année à 5e année
- ● 6e année au 1er cycle du secondaire

- ● individuel
- ● deux par deux
- ● équipes
- ● ensemble des élèves

Le scénarimage est un ensemble de cartes sur lesquelles on colle des illustrations et du texte tirés d'un livre (Tompkins, 2003). Pour fabriquer un scénarimage, l'enseignant découpe deux copies d'un album et colle les éléments sur du carton. Le scénarimage sert principalement à ordonner les événements d'une histoire ; l'enseignant peut les aligner sur le rebord du tableau ou les suspendre à une corde à linge. Cette présentation permet aux élèves de voir d'un autre œil l'histoire et sa structure et d'observer les illustrations.

Étape par étape

1. *Obtenir deux exemplaires d'un livre.* Il est préférable d'utiliser des livres brochés, car ils sont moins coûteux. Il arrive que dans certains livres, toutes les illustrations se retrouvent sur les pages de droite ou sur les pages de gauche ; dans ce cas, un seul exemplaire suffit.

2. *Découper les livres.* L'enseignant enlève les pages couvertures et sépare les pages. Ensuite, il égalise les côtés découpés.

3. *Coller les pages sur du carton.* L'enseignant colle chaque page simple ou double sur du carton, en prenant soin d'inclure les pages de chaque livre pour reproduire le livre entier.

4. *Plastifier les pages.* L'enseignant plastifie les pages pour accroître leur durabilité.

5. *Utiliser les pages dans les activités d'ordonnancement.* L'enseignant utilise les scénarimages pour diverses activités, y compris les activités d'ordonnancement et l'étude des mots.

Applications et exemples

Les élèves peuvent utiliser les scénarimages pour toutes sortes d'activités, par exemple les activités d'ordonnancement. L'enseignant distribue les pages au hasard, puis les élèves les classent pour mettre dans l'ordre les événements de l'histoire. L'enseignant peut aussi distribuer les pages pour les stratégies lecture à tour de rôle et l'heure du thé (voir les pages 65 et 53).

Les scénarimages sont utiles quand il n'y a pas assez d'exemplaires d'un livre pour tous les élèves. Ils permettent alors aux élèves de repérer les mots du mur de mots (voir la page 86), de voir le texte et d'examiner les illustrations. Les élèves peuvent écrire des mots et des phrases sur des notes autoadhésives et les coller sur les scénarimages.

Pour les mini-romans, les élèves peuvent fabriquer leur propre scénarimage, un pour chaque chapitre. Les élèves forment des équipes, et chaque équipe s'occupe d'un chapitre différent. Les élèves font une affiche qui illustre le chapitre ou résument le chapitre en un paragraphe. La figure 44.1 présente deux scénarimages réalisés par des élèves de 3ᵉ année pendant la lecture à voix haute du livre *La toile de Charlotte* (White, 1982).

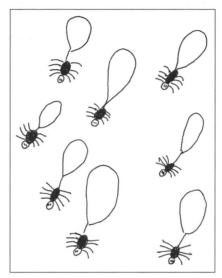

FIGURE 44.1   Des scénarimages qui illustrent deux chapitres du livre *La toile de Charlotte*

Références

Tompkins, G. E. (2003). *Literacy for the 21ˢᵗ century: A balanced approach* (3ᵉ éd.), Upper Saddle River, Merrill/Prentice Hall.

White, E. B. (1982). *La toile de Charlotte*, Paris, L'école des loisirs.

STRATÉGIE 45 Solution de Boucle d'or

○ modules littéraires	○ préscolaire	● individuel
● cercles de lecture	● maternelle à 2e année	○ deux par deux
● ateliers de lecture/d'écriture	● 3e année à 5e année	○ équipes
○ modules thématiques	● 6e année au 1er cycle du secondaire	○ ensemble des élèves

Les élèves utilisent la solution de Boucle d'or (Ohlhausen et Jepsen, 1992) pour choisir des livres à lire individuellement. Dans le célèbre conte *Boucle d'or et les trois ours*, la petite fille qualifie la bouillie de « trop chaude », « trop froide » ou « juste bien ». De la même façon, les livres que les élèves lisent peuvent être « trop difficiles », « trop faciles » ou « juste bien ». Les livres de chaque catégorie varient selon le niveau de lecture de chaque élève.

Par exemple, pour un élève du premier cycle du primaire, les livres « trop difficiles » sont des livres avec une intrigue complexe et des mots peu connus, de petits caractères et peu d'illustrations. Les livres « trop faciles » sont des livres que les élèves ont déjà lus ou qu'ils peuvent lire facilement. Les livres « juste bien » sont des livres intéressants, avec quelques mots peu connus. Les élèves de tous les niveaux, de la maternelle au 1er cycle du secondaire, peuvent utiliser la solution de Boucle d'or grâce à la simplicité des catégories. La figure 45.1 présente les critères établis par les élèves d'une classe de 3e année pour la solution de Boucle d'or ; les énoncés peuvent varier selon le niveau des élèves.

Comment choisir les meilleurs livres pour TOI

Livres « trop faciles »

1. Le livre est court.
2. Les caractères sont gros.
3. Tu as déjà lu ce livre.
4. Tu connais tous les mots du livre.
5. Le livre contient beaucoup d'images.
6. Tu connais très bien ce sujet.

Livres « juste bien »

1. Le livre a l'air intéressant.
2. Tu peux décoder la plupart des mots du livre.
3. Ton enseignant t'a lu ce livre à voix haute.
4. Tu as lu d'autres livres de cet auteur.
5. Quelqu'un peut t'aider si tu en as besoin.
6. Tu sais quelque chose sur ce sujet.

Livres « trop difficiles »

1. Le livre est long.
2. Les caractères sont petits.
3. Il n'y a pas beaucoup d'images dans le livre.
4. Il y a beaucoup de mots que tu n'es pas capable de décoder.
5. Personne ne peut t'aider à lire ce livre.
6. Tu ne connais pas le vocabulaire qui touche ce sujet.

FIGURE 45.1 La solution de Boucle d'or d'une classe de 3e année

Avec la solution de Boucle d'or, les élèves peuvent choisir des livres correspondant à leur compétence en lecture et devenir plus autonomes au moment de sélectionner des livres pour un atelier de lecture ou une activité libre. En outre, ils sont portés à lire plus et à aimer lire davantage que les élèves qui ne savent pas choisir un livre correspondant à leur compétence ou à qui on impose un livre de lecture.

Étape par étape

1. *Présenter la solution de Boucle d'or.* L'enseignant explique aux élèves que cette stratégie est une méthode pour choisir des livres pour l'atelier de lecture. Il présente trois livres qu'il aime et il décrit les livres qu'il aime lire. Il montre aux élèves un livre trop facile (par exemple, un livre pour enfants), un livre trop difficile (par exemple, un manuel de mécanique automobile, un livre de tricot ou un manuel universitaire d'un domaine difficile), et un livre qu'il trouve juste bien (par exemple, un roman). L'enseignant insiste sur le fait que chaque élève peut trouver des livres de ces trois catégories.

2. *Analyser les livres.* L'enseignant discute avec les élèves de livres trop faciles, trop difficiles et juste bien, et les élèves nomment des caractéristiques de chaque catégorie. Ensuite, l'enseignant construit un tableau dans lequel les élèves énumèrent les caractéristiques des trois catégories, puis il affiche le tableau dans le coin lecture de la classe. Il encourage les élèves à utiliser la solution de Boucle d'or pour choisir des livres.

3. *Demander aux élèves d'appliquer la stratégie.* L'enseignant invite les élèves à utiliser les trois catégories pour discuter des livres qu'ils lisent. Par exemple, une élève de 2e année feuilletait le livre intitulé *L'araignée souriante* (Chabin, 1998) durant un atelier de lecture. Son enseignante est venue la voir pour lui demander si elle aimait ce livre. La petite fille a répondu : « Je pense qu'il est trop difficile. Ma sœur vient de le lire et elle a dit que c'était très bon. Mais je connais seulement certains mots, comme *araignée*. C'est un long mot, mais je le connais. Je pense que c'est un livre trop difficile, mais je voudrais le lire. » Durant un entretien avec son enseignant, un élève du 1er cycle du secondaire a dit : « Je viens juste de finir de relire le livre *Les trois crimes d'Anubis* (Convard, 1997). On l'a lu dans ma classe l'an dernier, et quand je l'ai vu sur l'étagère, j'ai tout de suite voulu le relire. Je pense que c'est un livre trop facile pour moi, car je l'ai déjà lu et il n'était alors pas trop difficile, mais c'est un bon livre et je l'ai encore plus aimé la seconde fois. »

Applications et exemples

Les élèves ont recours aux trois catégories de la stratégie lorsqu'ils choisissent des livres dans le coin lecture de la classe et à la bibliothèque ou encore quand ils parlent à leur enseignant d'un livre qu'ils ont lu. Les élèves peuvent également classer les livres dans leur journal de lecture (voir la page 61), selon les trois catégories : « TD » pour trop difficiles, « TF » pour trop faciles et « JB » pour juste bien.

Références

Chabin, Laurent (1998). *L'araignée souriante*, Montréal, Hurtubise HMH.

Convard, Didier (1997). *Les trois crimes d'Anubis*, Paris, Magnard.

Ohlhausen, M. M., et Jepsen, M. (1992). « Lessons from Goldilocks: Someone has been choosing my books but I can make my own choices now! », *The New Advocate*, no 5, p. 31 à 46.

STRATÉGIE 46 Stratégie d'étude EQL2R

○ modules littéraires	○ préscolaire	● individuel
○ cercles de lecture	○ maternelle à 2ᵉ année	○ deux par deux
○ ateliers de lecture/d'écriture	○ 3ᵉ année à 5ᵉ année	○ équipes
● modules thématiques	● 6ᵉ année au 1ᵉʳ cycle du secondaire	○ ensemble des élèves

La stratégie EQL2R (*SQ3R*, Anderson et Armbruster, 1984) comporte cinq étapes – exploration, question, lecture, réponse et révision – qui permettent aux élèves de lire et de mémoriser l'information pendant les activités liées aux domaines d'intérêt. Compte tenu de l'efficacité de cette stratégie lorsqu'elle est appliquée correctement, il est important que l'enseignant explique bien chacune des étapes et donne souvent aux élèves l'occasion de l'utiliser.

Étape par étape

1. *Exploration*. Les élèves examinent le texte ou font une prélecture. Ils lisent les titres et font une lecture en diagonale de l'introduction et du résumé. Ils notent les idées principales. Cette étape permet aux élèves de se rappeler ce qu'ils savent déjà et de se préparer à la lecture.

2. *Question*. Avant de commencer la lecture, les élèves reformulent chaque titre comme une question. Lire pour répondre à une question aide les élèves à donner un sens à leur lecture.

3. *Lecture*. Les élèves lisent une partie du texte pour trouver la réponse aux questions qu'ils ont formulées. Ils lisent chaque partie séparément.

4. *Réponse*. Immédiatement après avoir lu une partie du texte, les élèves disent de mémoire la réponse à la question qu'ils ont formulée ainsi que les autres informations importantes qu'ils ont lues. Les élèves peuvent répondre aux questions oralement ou par écrit.

5. *Révision*. Une fois la lecture terminée, les élèves prennent quelques minutes pour revoir ce qu'ils ont lu. Ils se reposent les questions qu'ils ont formulées à partir de chaque titre et essaient de se rappeler les réponses trouvées pendant la lecture. Si les élèves prennent des notes ou écrivent les réponses aux questions à l'étape 4, ils devraient essayer de faire cette révision sans consulter leurs notes. Si les élèves ont répondu oralement aux questions à l'étape 4, ils peuvent écrire les réponses maintenant.

Applications et exemples

Les élèves utilisent la stratégie EQL2R avec des manuels scolaires pour se rappeler ce qu'ils lisent. Pendant l'apprentissage de la stratégie, les élèves du 1ᵉʳ cycle du secondaire peuvent, avec l'aide de leur enseignant, faire un diagramme comme celui de la figure 46.1.

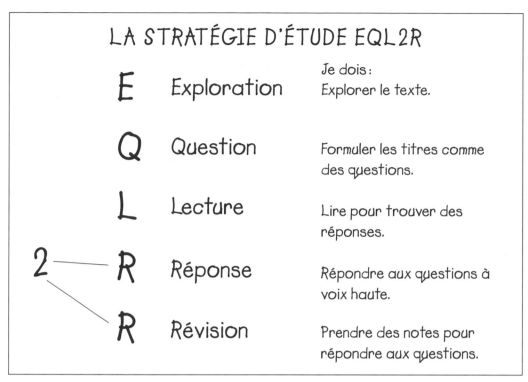

FIGURE 46.1 Un diagramme représentant la stratégie d'étude EQL2R conçu par des élèves du 1er cycle du secondaire

Référence

Anderson, T. H., et Armbruster, B. B. (1984). «Studying», dans P. D. Pearson, R. Barr, M. L. Kamil, et P. Mosenthal (édit.), *Handbook of reading research*, New York, Longman, p. 657 à 679.

Stratégie 47 Surlecture

- ● modules littéraires
- ○ cercles de lecture
- ● ateliers de lecture/d'écriture
- ○ modules thématiques

- ○ préscolaire
- ● maternelle à 2e année
- ● 3e année à 5e année
- ○ 6e année au 1er cycle du secondaire

- ● individuel
- ○ deux par deux
- ○ équipes
- ○ ensemble des élèves

Les enseignants encouragent souvent les élèves à relire plusieurs fois le livre à l'étude pendant un module littéraire, ou à relire leurs livres préférés pendant les ateliers de lecture. La relecture d'un livre permet aux élèves d'acquérir une plus grande aisance en lecture ainsi qu'une meilleure compréhension (Yaden, 1988). Jay Samuels (1979) a également mis au point une méthode pédagogique qui utilise la relecture pour aider les élèves à accroître leur compétence en lecture.

Étape par étape

1. *Faire un prétest.* Les élèves choisissent un manuel ou un livre et en lisent un passage pendant que l'enseignant chronomètre le temps de lecture et compte les erreurs.

2. *S'exercer à relire le passage.* Les élèves s'exercent à relire le passage, à voix haute ou en silence, à plusieurs reprises.

3. *Faire un post-test.* Les élèves relisent le passage pendant que l'enseignant chronomètre de nouveau le temps de lecture et compte les erreurs.

4. *Comparer les résultats du prétest et du post-test.* Les élèves comparent leurs temps de lecture et les nombres d'erreurs de la première et de la dernière lectures. Ensuite, les élèves font un diagramme qui montre leur progrès.

Applications et exemples

Cette stratégie est utile pour les élèves qui lisent lentement et commettent beaucoup d'erreurs. Lorsqu'un enseignant évalue régulièrement les compétences en lecture des élèves, ceux-ci deviennent de meilleurs lecteurs. Le fait de construire un diagramme pour montrer le progrès des élèves est un élément important de cette stratégie.

Références

Samuels, J. (1979). «The method of repeated readings», *The Reading Teacher*, no 32, p. 403 à 408.

Yaden, D. B., Jr. (1988). « Understanding stories through repeated read-alouds: How many does it takes? », *The Reading Teacher*, no 41, p. 556 à 560.

STRATÉGIE 48 Tableau S-V-A

○ modules littéraires   ○ préscolaire   ● individuel
○ cercles de lecture   ● maternelle à 2e année   ● deux par deux
○ ateliers de lecture/d'écriture ● 3e année à 5e année   ● équipes
● modules thématiques   ● 6e année au 1er cycle du secondaire ● ensemble des élèves

Les enseignants utilisent les tableaux S-V-A dans les modules thématiques interdisciplinaires pour rappeler les connaissances antérieures des élèves et aider ces derniers à poser des questions et à structurer l'information (Ogle, 1986, 1989). Pour construire un tableau S-V-A, il faut placarder trois grandes feuilles de papier intitulées : S pour « Ce que nous **S**avons », V pour « Ce que nous **V**oulons apprendre », et A pour « Ce que nous avons **A**ppris ». Il est aussi possible d'utiliser le tableau noir, divisé en trois colonnes. Le tableau 48.1 représente un tableau S-V-A sur les poussins. Il a été rempli en partie par les élèves d'une classe de maternelle. L'enseignante a écrit elle-même le texte, mais ce sont les élèves qui ont trouvé l'information et formulé les questions.

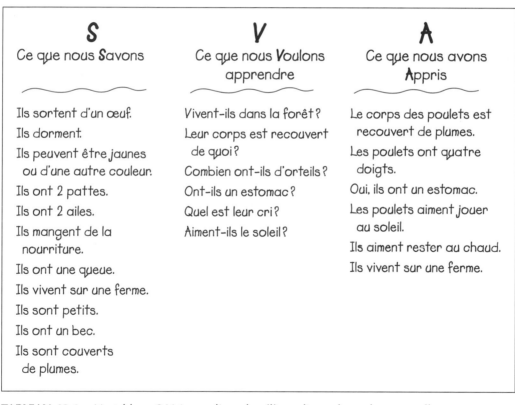

S Ce que nous Savons	V Ce que nous Voulons apprendre	A Ce que nous avons Appris
Ils sortent d'un œuf.	Vivent-ils dans la forêt ?	Le corps des poulets est recouvert de plumes.
Ils dorment.	Leur corps est recouvert de quoi ?	Les poulets ont quatre doigts.
Ils peuvent être jaunes ou d'une autre couleur.	Combien ont-ils d'orteils ?	Oui, ils ont un estomac.
Ils ont 2 pattes.	Ont-ils un estomac ?	Les poulets aiment jouer au soleil.
Ils ont 2 ailes.	Quel est leur cri ?	Ils aiment rester au chaud.
Ils mangent de la nourriture.	Aiment-ils le soleil ?	Ils vivent sur une ferme.
Ils ont une queue.		
Ils vivent sur une ferme.		
Ils sont petits.		
Ils ont un bec.		
Ils sont couverts de plumes.		

TABLEAU 48.1 Un tableau S-V-A rempli par les élèves d'une classe de maternelle

L'enseignant construit un tableau S-V-A en début du module et l'utilise pour déterminer ce que les élèves savent déjà sur le sujet et ce qu'ils veulent apprendre. Vers la fin du module, les élèves remplissent la dernière partie du tableau, c'est-à-dire qu'ils indiquent ce qu'ils ont appris. Cette démarche permet aux élèves d'intégrer de nouvelles connaissances à ce qu'ils savent déjà et d'acquérir du vocabulaire. Cette stratégie est conçue pour des sujets d'ordre général.

Étape par étape

1. *Construire un grand tableau.* L'enseignant divise un tableau en trois colonnes nommées S (Ce que nous Savons), V (Ce que nous Voulons apprendre) et A (Ce que nous avons Appris).

2. *Remplir la colonne S.* Au début du module thématique, l'enseignant demande aux élèves de faire une séance de remue-méninges pour déterminer ce qu'ils savent déjà sur le sujet, puis d'écrire ces informations dans la colonne S. Parfois, les affirmations des élèves sont incorrectes. Il faut dans ce cas les formuler sous forme de questions et les ajouter à la colonne V.

3. *Remplir la colonne V.* L'enseignant écrit les questions suggérées par les élèves dans la colonne V. Il peut aussi en ajouter.

4. *Remplir la colonne A.* À la fin du module, l'enseignant remplit la colonne A du tableau et fait un retour avec les élèves sur leurs récents apprentissages.

Applications et exemples

Les élèves plus âgés peuvent faire leurs propres tableaux S-V-A, deux par deux ou en équipes, ou construire un tableau individuel pour structurer et documenter leur apprentissage. Toutefois, les tableaux pour la classe s'avèrent plus efficaces avec les élèves plus jeunes, ou les élèves plus âgés qui n'ont jamais expérimenté cette stratégie. Les élèves peuvent confectionner des tableaux à rabats en pliant en deux une grande feuille de papier dans le sens de la longueur. Ensuite, ils divisent la moitié supérieure en trois et nomment chaque partie S, V et A. Ils relèvent le rabat correspondant pour écrire dans chaque colonne, comme à la figure 48.1.

Références

Ogle, D. M. (1986). « K-W-L: A teaching model that develops active reading of expository text », *The Reading Teacher*, n° 39, p. 564 à 570.

Ogle, D. M. (1989). « The know, want to know, learn strategy », dans K. D. Muth (édit.), *Children's comprehension of text: Research into practice*, Newark, International Reading Association, p. 205 à 223.

FIGURE 48.1 Un tableau à rabats sur les araignées fabriqué par des élèves de 4ᵉ année

STRATÉGIE 49 Texte à trous

- ● modules littéraires
- ○ cercles de lecture
- ○ ateliers de lecture/d'écriture
- ● modules thématiques
- ○ préscolaire
- ○ maternelle à 2ᵉ année
- ● 3ᵉ année à 5ᵉ année
- ● 6ᵉ année au 1ᵉʳ cycle du secondaire
- ● individuel
- ● deux par deux
- ○ équipes
- ● ensemble des élèves

Le texte à trous est une méthode diagnostique non formelle que les enseignants utilisent pour évaluer les compétences en lecture des élèves et leur compréhension du contenu et de la structure des textes qu'ils lisent (Taylor, 1953). L'enseignant prépare un texte à trous à partir de l'extrait d'un livre (roman, conte, texte informatif ou manuel scolaire) que les élèves ont déjà lu. Il enlève un mot environ tous les cinq mots et il le remplace par un filet réponse. Ensuite, les élèves lisent l'extrait et écrivent les mots manquants en se basant sur la syntaxe (l'ordre des mots) et la sémantique (le sens des mots). Seuls les mots exacts constituent de bonnes réponses.

Voici un exemple de texte à trous portant sur les loups. Les réponses sont *alpha, femelle, gros, de, bat, essaie, meute, autre, yeux, s'accroupit, entre, il, la, comme, le*.

> *Les chefs d'une meute de loups sont appelés loups alpha. Il y a un mâle _____ et une _____ alpha. Ce sont habituellement les loups les plus _____ et les plus forts _____ la meute. Un loup alpha se _____ avec chaque loup qui _____ de prendre la tête de la _____. Lorsque l'alpha regarde un _____ loup dans les _____, ce dernier _____ et replie la queue _____ ses pattes. Parfois, _____ se retourne et lèche _____ face du loup alpha, _____ pour lui dire « Tu es _____ chef ».*

Étape par étape

1. *Choisir un extrait.* L'extrait peut provenir d'un roman, d'un conte, d'un texte informatif ou d'un manuel scolaire. L'enseignant reproduit le passage choisi. Il laisse la première phrase intacte, mais à compter de la deuxième phrase et pour toutes les phrases suivantes, il enlève un mot environ tous les cinq mots et il le remplace par un filet réponse.

2. *Compléter le texte à trous.* Les élèves lisent l'extrait une première fois en silence, puis ils le relisent et tentent de trouver le mot qui va dans chaque espace. Ils notent ensuite leurs réponses.

3. *Évaluer le travail des élèves.* L'enseignant accorde un point par bon mot et il détermine le pourcentage de bonnes réponses. Il peut comparer ce pourcentage avec l'échelle suivante :

   61 % ou plus de bonnes réponses — *lecteur autonome*
   41 % à 61 % de bonnes réponses — *lecteur tout juste fonctionnel*
   moins de 40 % de bonnes réponses — *lecteur ayant besoin de beaucoup de soutien*

Applications et exemples

Afin d'évaluer la compréhension d'un texte, l'enseignant peut choisir d'enlever des mots précis plutôt qu'un mot environ tous les cinq mots. Par exemple, il peut enlever les noms des personnages, les éléments liés au contexte ou les événements clés.

Le texte à trous permet aussi de déterminer si un manuel ou une publication est approprié au niveau de lecture de la classe. L'enseignant prépare un texte à trous et demande à l'ensemble de la classe ou à quelques élèves de trouver les mots manquants (Jacobson, 1990). Ensuite, il corrige les réponses des élèves et il calcule le pourcentage de bonnes réponses afin de déterminer si le texte est approprié à ses élèves : si les élèves trouvent plus de 50% des mots manquants, cela indique que l'extrait est très facile à lire; si les élèves trouvent moins de 30% des mots manquants, l'extrait choisi est trop difficile. La zone pédagogique se situe entre 30% et 50% de bonnes réponses (Reutzel et Cooter, 2000).

Références

Jacobson, J. M. (1990). « Group vs individual completion of a cloze passage », *Journal of Reading*, nº 33, p. 244 à 250.

Reutzel, D. R., et Cooter, R. B., Jr. (2000). *Teaching children to read: From basals to books* (3ᵉ éd.), Upper Saddle River, Merrill/Prentice Hall.

Taylor, W. L. (1953) « Cloze procedure: A new tool measuring readability », *Journalism Quarterly*, nº 30, p. 415 à 433.

STRATÉGIE 50 Toile d'idées

- modules littéraires
- cercles de lecture
- ateliers de lecture/d'écriture
- modules thématiques
- préscolaire
- maternelle à 2e année
- 3e année à 5e année
- 6e année au 1er cycle du secondaire
- individuel
- deux par deux
- équipes
- ensemble des élèves

Les toiles d'idées sont parfois nommées «cartes d'organisation d'idées», «réseaux» ou «plans». Elles sont utilisées pour présenter des concepts liés entre eux. Souvent, l'enseignant inscrit le sujet dans un cercle duquel partent des rayons : les élèves inscrivent des mots et des phrases au bout de ces rayons. Parfois, un dessin remplace les mots ou il les accompagne (Bromley, 1996 ; Rico, 1983).

Il existe deux types de toiles d'idées :

- les toiles de type non structuré : elles ressemblent à un soleil avec plusieurs rayons. Ce type de toile est utile lorsqu'une séance de remue-méninges produit plusieurs idées équivalentes les unes aux autres.

- les toiles de type structuré : elles sont hiérarchiques. Les rayons partent du centre, et chaque rayon mène à une idée principale. Ensuite, des rayons partent de chaque idée principale vers des détails et des exemples complémentaires. La figure 50.1 montre les deux types de toiles.

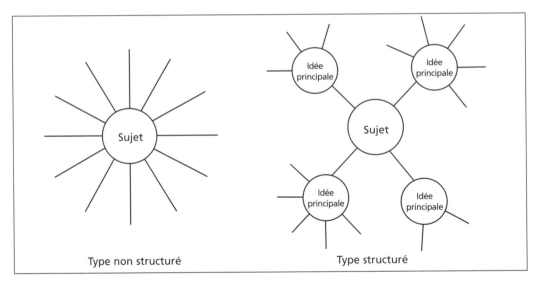

FIGURE 50.1 Les deux types de toiles d'idées

Étape par étape

1. *Choisir un sujet.* L'enseignant et les élèves choisissent un sujet. L'enseignant écrit ce dernier dans un cercle tracé sur une feuille de papier ou au tableau. Le cercle est positionné au centre ou en haut de la feuille.

2. *Faire une séance de remue-méninges.* Dans le cas d'une toile d'idées de type non structuré, les élèves font une séance de remue-méninges. Ils nomment le plus d'éléments possible en lien avec le sujet et ils écrivent une idée au bout de chaque rayon.

Dans une toile d'idées de type structuré, l'enseignant et les élèves déterminent au préalable des catégories (idées principales), tracent un rayon, puis inscrivent le nom de la catégorie dans un rectangle ou un petit cercle positionné à l'extrémité du rayon. Ensuite, les élèves font une séance de remue-méninges pour trouver des mots et des phrases en lien avec chaque catégorie. Ils écrivent ces éléments au bout des rayons tracés à partir du rectangle ou du petit cercle.

3. *Ajouter les idées principales et les détails.* Les élèves s'arrêtent pour lire les mots et les phrases écrites dans la toile. Ils poursuivent leur séance de remue-méninges pour tenter de trouver d'autres idées. L'enseignant peut orienter les élèves vers d'autres mots et phrases.

Applications et exemples

Les élèves peuvent utiliser des toiles d'idées de type non structuré pour écrire les différents sens d'un mot. Ils construisent aussi des toiles de type structuré pour consigner et classer leurs notes sur des sujets variés.

Les toiles d'idées permettent aussi de montrer ce que les élèves ont appris. Au lieu de rédiger un compte rendu, ils inscrivent dans une toile ce qu'ils savent sur un sujet donné. Par exemple, ils peuvent consigner de l'information sur une planète du système solaire, un animal, un pays, un événement historique, la vie d'un personnage. Les élèves soignent davantage les toiles qui servent à présenter leurs apprentissages : ils s'appliquent à bien orthographier les mots, ils font plus attention à leur écriture manuscrite et ils incluent souvent des dessins, des graphiques et d'autres illustrations.

Les figures 50.2 et 50.3 (voir la page suivante) présentent des exemples de toiles utilisées pour faire la synthèse des connaissances apprises.

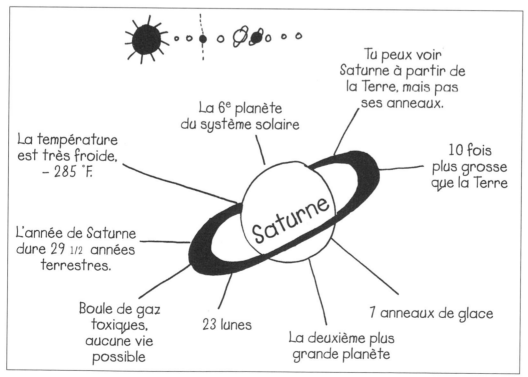

FIGURE 50.2 La toile d'idées de type non structuré préparée par une classe de 3e année sur la planète Saturne

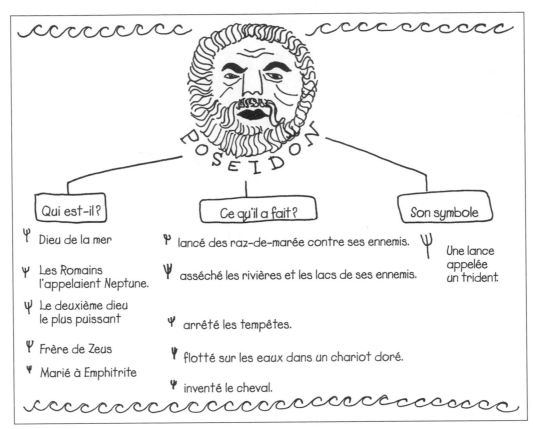

FIGURE 50.3 La toile d'idées de type structuré préparée par une classe de 6ᵉ année sur Poséidon, dieu de la mer.

Les toiles d'idées aident aussi à concevoir un plan de rédaction. S'il n'y a qu'un paragraphe à rédiger, les élèves ont souvent recours aux toiles de type non structuré ; pour un texte plus long, les élèves utilisent des toiles de type structuré où chaque idée principale représente un paragraphe. L'enseignant peut guider les élèves quant au choix du type de toile selon le sujet de la rédaction et l'objectif visé.

Références

Bromley, K. D. (1996). *Webbing with literature: Creating story maps with children's books*, Boston, Allyn & Bacon.

Rico, G. L. (1983). *Writing the natural way,* Los Angeles, Tarcher.

Chenelière/Didactique

Un cerveau pour apprendre
Comment rendre le processus enseignement-apprentissage plus efficace
David A. Sousa

Vivre la pédagogie du projet collectif
Collectif Morissette-Pérusset

L | LANGUE ET COMMUNICATION

À livres ouverts
Activités de lecture pour les élèves du primaire
Debbie Sturgeon

Attention, j'écoute
Jean Gilliam DeGaetano

Chacun son rythme !
Activités graduées en lecture et en écriture
Hélène Boucher, Sylvie Caron, Marie F. Constantineau

Chercher, analyser, évaluer
Activités de recherche méthodologique
Carol Koechlin, Sandi Zwaan

Conscience phonologique
*Marilyn J. Adams, Barbara R. Foorman,
Ingvar Lundberg, Terri Beeler*

De l'image à l'action
Pour développer les habiletés de base nécessaires aux apprentissages scolaires
Jean Gilliam DeGaetano

Écouter, comprendre et agir
Activités pour développer les habiletés d'écoute, d'attention et de compréhension verbale
Jean Gilliam DeGaetano

Émergence de l'écrit
Éducation préscolaire et premier cycle du primaire
Andrée Gaudreau

Histoire de lire
La littérature jeunesse dans l'enseignement quotidien
Danièle Courchesne

L'apprenti lecteur
Activités de conscience phonologique
Brigitte Stanké

L'Apprenti Sage
Apprendre à lire et à orthographier
Brigitte Stanké

L'art de communiquer oralement
Jeux et exercices d'expression orale
Cathy Miyata, Louise Dore, Sandra Rosenberg

L'extrait, outil de découvertes
Le livre au cœur des apprentissages
Hélène Bombardier, Elourdes Pierre

Le français en projets
Activités d'écriture et de communication orale
Line Massé, Nicole Rozon, Gérald Séguin

Le sondage d'observation en lecture-écriture
Mary Clay, Gisèle Bourque, Diana Masny
• Livret LES ROCHES
• Livret SUIS-MOI, MADAME LA LUNE

Le théâtre dans ma classe, c'est possible !
Lise Gascon

Les cercles littéraires
Harvey Daniels, Élaine Turgeon

Lire et écrire à la maison
Programme de littératie familiale favorisant l'apprentissage de la lecture
Lise Saint-Laurent, Jocelyne Giasson, Michèle Drolet

Lire et écrire au secondaire
Un défi signifiant
Godelieve De Koninck
Avec la collaboration de Réal Bergeron et Marlène Gagnon

Lire et écrire en première année...
et pour le reste de sa vie
Yves Nadon

Madame Mo
Cédérom de jeux pour développer des habiletés en lecture et en écriture
Brigitte Stanké

Plaisir d'apprendre
Louise Dore, Nathalie Michaud

Quand lire rime avec plaisir
Pistes pour exploiter la littérature jeunesse en classe
Élaine Turgeon

Question de réflexion
Activités basées sur les 42 concepts langagiers de Boehm

Une phrase à la fois
Brigitte Stanké, Odile Tardieu

7001, boul. Saint-Laurent, Montréal (Québec) Canada H2S 3E3
Tél. : (514) 273-1066 • Téléc. : (514) 276-0324 ou 1 800 814-0324 • Service à la clientèle : (514) 273-8055 ou 1 800 565-5531
www.cheneliere.ca • info@cheneliere.ca